文史哲學集成

金民那著

文心雕龍的美學

——文學的心靈及其藝術的表現

文史哲出版社印行

國立中央圖書館出版品預行編目資料

文心雕龍的美學：文學的心靈及其藝術的表現 / 金民那著. -- 初版. -- 臺北市：文史哲, 民82

面； 公分. -- (文史哲學集成；288)

參考書目：面

ISBN 957-547-208-X(平裝)

1. 文心雕龍 - 批評，解釋等

820　　82002069

文史哲學集成 ㉘㉘ 288

文心雕龍的美學
——文學的心靈及其藝術的表現

著者：金民那
出版者：文史哲出版社
登記證字號：行政院新聞局局版臺業字五三三七號
發行人：彭正雄
發行所：文史哲出版社
台北市羅斯福路一段七十二巷四號
郵撥〇五一二八八一二彭正雄帳戶
電話：三五一一〇二八
印刷者：文史哲出版社

實價新台幣三六〇元

中華民國八十二年七月初版

ISBN 957-547-208-X

序

金生民那，韓國漢城人，漢城梨花女子大學中文系畢業。梨花女大者，於大韓爲成立年代最久，學生人數最多，享譽最隆之女子大學也。一九八四年來臺留學。初入國立臺灣大學中文研究所，從廖蔚卿先生習《文心雕龍》，其碩士論文《文心雕龍的通變論》即廖先生所指導，頗受考試委員王叔珉、張健二先生之賞識。一九八八年入國立臺灣師範大學國文研究所，攻讀博士課程。余時授「中國文學理論」，金生嘗來旁聽。旋擬以《文學的心靈及其藝術的表現》爲題，探討《文心雕龍》之美學，乞余指導。余因囑其細讀《文心雕龍》原典，並以王更生先生《文心雕龍研究・文心雕龍之美學》，劉綱紀先生《劉勰・美學思想》，以及劉若愚先生《中國文學理論》，李澤厚、劉綱紀二先生《中國美學史》，敏澤先生《中國美學思想史》中有關《文心雕龍》美學之部分，請其參考。未幾，金生携所擬綱要來，分由作者、作品、讀者三方面切入主題，以論述作者用心、作品風格、暨讀者審美活動，頗與前賢所述，架構有所不同，余深詫異之。金生復出其前所作之《文心雕龍》全書韓文注解及翻譯卡片，余始知其於《文心雕龍》一書，已極諳熟也。嗣後金生每成一節，即捧初稿前來問益。余觀其所論，皆據原典，歸納演繹，條分理析，環環相扣。於是知其論文必能倒海探珠，傾崐取琰，發人未發，嘉惠學界矣。一九九二年五月十九日，國立臺灣師範大學舉行金民那博士論文口試，考試委員高明先生、黃錦鋐先生、王更生先生、簡宗梧先生、及余五人，予以全票通過，並報請中華民國教育部核備，而金生遂爲中華民國文學博士。今臺北文史哲出版社以金民那之博士論文付諸電腦排字印行，即將蕆事。金生問序於余，因略述其治學之概，即以爲序云。

一九九三年二月六日平陽黃慶萱序於臺北新店見南山居。

文心雕龍的美學目錄

——文學的心靈及其藝術的表現

第一章　緒　論

美學可以說是研究人對客觀事物（人事、自然、藝術）的美感（欣賞和創作）活動，及其特徵和規律的一門學科。美學作爲一門理論學科，它的性質、方法、對象與哲學、藝術學、心理學、社會學有內在聯繫，或者無寧說它就是這四者的某種交融、結合。目前，美學界對美學的對象、範圍尙衆說紛紜，莫衷一是。從過去美學討論看，大家都糾纏在「美」這個概念上。「美」是美學的基本概念，其內涵是對能引起人們美感的客觀事物的共同本質屬性的抽象概括。對這一屬性的具體內涵，前人有多種不同的探索。但是關于「美學就是研究美的學科」這個傳統的看法，有進一步討論的必要。要把握美學研究的對象，應當從這門學科的現實和歷史的實際情況出發，而不是從定義出發（註一）。丁履譔先生在《美學與藝術詮釋》引用美國的美學家T. Monroe（一八九七—一九七四）的話而明白說到：

我們現在不再費力的去尋找美的定義，美不再是一個抽象的共有的名詞，它存在於各個不同藝術經驗的本身，我們對這種美的各別經驗，欣賞它、觀察它、評價它。（註二）

李澤厚先生亦在《美學四講》說：

美學——是以美感經驗爲中心，研究美和藝術的學科。（註三）

由此看來，美學不限於研究「美」，而以美的各種經驗（美感經驗）爲研究的中心。

至於中國古代美學研究，更不能只圍繞著「美」這個字眼進行，葉朗先生說：

在中國古典美學體系中，「美」並不是中心的範疇，也不是最高層次的範疇。「美」這個範疇在中國古典美學中的地位遠不如在西方美學中那樣重要。如果僅僅抓住「美」字來研究中國美學史，或者以「美」這個範疇爲中心來研究中國美學史，那麼一部中國美學史就將變得十分單調、貧乏，索然無味。（註四）

在中國古代，美學沒有從哲學、倫理學、各門藝術理論中明確地分化出來，很多美學思想和理論，是圍繞著這三個方面展開而形成的。故中國古代美學思想和理論，散見於藝術理論、哲學、倫理學等方面的著作中。依今日美學研究的立場而論中國古代美學理論的趨向，它包含藝術哲學、審美心理學、審美（藝術）社會學等方面的內容（註五）。

美學的主要工作之一正是去澄清有關藝術和審美活動的一些概念或批判地檢討關于這一方面的理論。所以美學研究的具體對象就是表現爲理論形態的審美意識和美感經驗（註六）。所謂審美意識和美感經驗，具體地表現在人們對自然、社會、藝術美的感受、欣賞、評論中。其實，對審美意識和美感經驗在社會生活和藝術中的種種具體表現，一般不去詳論，只作爲美學理論產生、形成的歷史背景，加以必要的說明。美學研究集中注意於歷代對有關美與藝術的種種問題在理論上進行思考所取得的結果（註七）。因此可說，美學所研究的問題比藝術理論、藝術史所研究的，在理論層次上都來得高。藝術理論、藝術史在談論藝術問題時，常預先假定了某些一般的概念或理論，但對這些概念的意義沒有清楚的界定，對於這些理論的妥當性也往往缺乏深刻的反省（註八）。

美學與藝術理論之間雖然不能劃等號，但美學與藝術理論的關係十分密切。因爲美學的研究主要通過藝術（藝術原理、藝術史）來驗證和進行。那麼，美學與藝術理論在那些問題上出現了交叉、重疊的現象呢？美學對藝術美的創造與傳達、藝術美的欣賞和批評、藝術美的內容與形式、藝術美的種類和體裁、藝術美的風格和個性、藝術的形象和典型、藝術方法、藝術家的修養等屬於藝術「內部規律」的問題感到興趣，而這些只構成藝術理論內容的一部分（註九）。

美學與藝術理論比起來，其理論層次高的地方，在於美學有對藝術美的來源和本質、對美和美感的本質及其相互關係給予理論性的解釋。藝術是滿足人類精神需要的美感活動的主要對象，在人類文化上占有重要的地位，故離不開藝術的或美的價值問題。因此，對其本質的究明，不該只從個個作品或材料等現象的研究來進行，而應該從更高一層的藝術原理性的觀念來展開，如此才能符合有關價值的考察。藝術主要關心的是創造有美感價值的東西。想了解藝術美的本質，就要先知道價值產生的條件與特徵。宗白華先生說：

藝術就是「人類的一種創造的技能，創造出一種具體的客觀的感覺中的對象，這個對象能引起

我們精神界的快樂，並且有悠久的價值。」（註十）

> 藝術是以美的感情爲主的具體表現，至於引起美的感情，其對象是「現實」的現象。而將美的感情作具體表現出來的方法，須要「技術」的訓練。（註十一）

池振周先生說：

> 藝術品是具有美感價值的東西。因此美可成爲藝術品的一必要條件。美是一種價值，美感是一種對價值的知覺，故美感不可避免地涉及價值判斷，而且其價值判斷基於感情（感覺）而成立。由此看來，藝術價值產生的條件與特性，可歸於以下三點：將美感以創造的技術具體表現——創造性；由此創造出來的藝術品具備具體、客觀的形象——可感形象的美；由其具體、客觀的形象美引起美感——引起美感的力量。這三者之間產生價值的本質就是情感，換言之，情感就是啓發美感的途徑。

由以上的論述而知，美學是美感經驗爲其主要研究的對象，藝術本身含有美感價值，故美學研究與藝術是密不可分的關係。由此可以導出研究美學的具體的課題。依白琪洙先生的說法，他以藝術美、自然美等美的一般現象爲「一般美學」（General Aesthetics）的對象領域，提示以下的八種研究美學的課題：

1. 美的體驗論（Aesthetic Experience）
   - a 美的享受體驗論（Aesthetic Enjoyment）
   - b 藝術創作體驗論（Aesthetic Creation）

2.美的對象論（Aesthetic Object）

a自然美的對象論（Aesthetic Object in Nature）

b藝術美的對象論（Aesthetic Object in Art）

3.美的範疇論（Aesthetic Categories）

a狹義的美（the beautiful）

b廣義的美（the aesthetic）

4.美的價值論（Aesthetic Value）

5.藝術體系論（System of Art）

6.藝術機能論（Function of Art）

7.藝術史論（History of Art）

8.藝術批評論（Art Criticism）。（註十二）

依白先生所說的八種美學課題來看，有關美、美感、藝術的問題皆包括在其內。白先生認爲透過以上諸般美學課題的探究而以建立美和藝術現象的原理，追求美、美感、藝術的本質。而且白先生由「一般美學」而設定「應用美學」（Applied Aesthetics），其領域包括造形美學、音樂美學、文藝美學、演劇美學、映畫美學、舞踊美學等。白先生認爲「應用美學」的課題以「一般美學」的普遍原理爲基礎，將在「一般美學」所提起的諸問題，適用於個個特殊藝術現象，由此追求個個特殊藝術固有的特殊原理及其特殊藝術所以為特殊藝術的本質（註十三）。

總而言之，各別藝術美學有賴於「一般美學」解決有關美、美感、藝術的本質性問題，也有賴於構成各別藝術形象的媒介及其運用的方法，表明各種不同藝術的特殊原理和本質。

本書將要討論的《文心雕龍》是一部文學理論著作，也是一部文藝（文學藝術）美學理論著作。《文心雕龍》很少使用「美」這個詞，也沒有提過「美感」這個字眼，但是它具有相當豐富的美學見解，甚至有一定的完整性。從人心的審美、創美能力探討文藝的產生及其創變的規律（註十四）。基於文學本質——「語言者，文章關鍵，神明樞機」（《文心雕龍．聲律》）（註十五）。——的認識，討論語言美在人心上的意義，即關于文藝的審美和創美的諸問題。《文心雕龍》所論的內容幾乎皆涉及到文藝美學研究的種種課題。依據在前面所論述的藝術價值產生的條件與「一般美學」和「應用美學」所要研究的課題，可以推論文藝美學所研究的重點。文藝美學著重研究的是，作者如何運用一定的審美意識，將從整個外在事物（人事、自然、藝術）得到的美感，通過藝術構思，運用文學藝術的媒介（語言文字），表現成為藝術形象，以引起欣賞者的美感等諸問題。「運用語言文字，以創造藝術形象」是文藝所以為文藝的特性和本質，其中也包括構成文藝的特殊原理（創造文藝美感的規律）。「運用審美意識」「藝術構思」等問題，都以美感為中心所進行的藝術心靈活動。體驗文藝的特性和價值而將其特性和價值的本質作為課題，這才是文藝美學的理論基礎。由此看來，文藝的特性和價值的本質不外是美的心靈與語言文字的藝術的運用。

文學是人的創作心靈的運用所產生的語言藝術。文學創作心靈是人心的多種活動——思維、判斷、認識、感懷當中的一種藝術心靈活動。因此，透過這樣的心靈活動所產生的文學便是文學心靈的藝術的形象化。

中國古代文學批評長期以來都重視作者的心靈。即作者的用心，實是文藝美學家最爲關切的命題。從先秦的「詩言志」到六朝的「詩緣情」都是如此。同時，從兩漢開始肯定文學的語言藝術性，到了六朝更講究語言藝術的形象美。在如此的文學環境之下所產生的文論著作《文心雕龍》，其書名已經明示全書的基本主題，〈序志〉說：

> 夫文心者，言爲文之用心也。昔涓子琴心，王孫巧心，心哉美矣，故用之焉。古來文章以雕縟成體，豈取騶奭之群言雕龍也？

「文心」意指人的文學創作心靈——「爲文之用心」；「雕龍」便指語言的藝術形象化——文章「以雕縟成體」。「雕縟」就是「爲文」的過程中運用語言文字及其藝術化的過程。其實，整個文藝的創作過程便是「用心」的問題。人心的主觀能動作用，在文學創作中具有極其重要的意義。梁漱溟先生在《人心與人生》，人心之所爲人心的特點歸於三點——主動性、靈活性、計劃性，然後又說：「主動性、靈活性、計劃性三點是自覺的能動性之內含分析。」（註十六）。人心的「自覺的能動性」可說是人類審美、創美（藝術創作）活動的主幹。但人類的自覺精神活動不只限於審美、創美的美感活動。首先提出將美學作爲一門獨立學科的鮑姆加登（A. G. Baumgarten, 1714—1762），他認爲：

人的心理活動包括知、情、意三個方面，應該相應地有三門學科來加以研究。研究「知」的學科是邏輯學，研究「意」的學科是倫理學，研究「情」的學科則是「Aesthetik」——即感性學或美學。（註十七）

李澤厚先生把心理的本體分爲三大領域而說：

一是認識的領域，即人的邏輯能力、思維模式；
一是倫理領域，即人的道德品質、意志能力；
一是情感領域，即人的美感趣味、審美能力。
可見審美不過是這個人性總結構中有關人性情感的某種子結構。（註十八）

池振周先生把人類精神方面的活動分爲三種——「理智」、「意志」、「感情」而後說：

自然科學及哲學，是表現理智的眞。倫理及道德，是表現意志的善。而藝術就是具體地表現感情的美。（註十九）

當然，以上的人心的種種活動，互相關聯著，決不是單純的活動某一方面的，而停止其他方面。但是以上的引文內容可以肯定人心的美感活動（審美、創美活動），是在人心的多種活動當中，屬於情感活動。

「文心」則是與文藝創造相關的美感心靈活動，那麼，美感（作者爲創作的美感）如何產生呢？〈明詩〉說：

> 人稟七情，應物斯感。

依《文心雕龍》人天生具備了情感，而且這情感便是美的心靈——「心哉美矣」（序志），故對外界事物可以發生美的感情，〈物色〉說：

> 珪璋挺其惠心，英華秀其清氣，物色相召，人誰獲安？

這種美感經驗，以創造文藝活動來具體化。〈原道〉與〈情采〉闡明了其基本觀念：

> 心生而言立，言立而文明，自然之道也。
>
> 若乃綜述性靈，敷寫器象，鏤心鳥跡之中，織辭魚網之上，其爲彪炳，縟采名矣。

從「心生」而言，人的心靈感物興情，產生美感經驗之後，進行藝術思維活動——「鏤心」——美感經驗的意象化，然後用語言文字材料組合美的形象。這就是《文心雕龍》的「神思」論。至於《文心雕龍》的「言立，文明」——「織辭——縟采」，「語言之體貌，而文章之宅宇」（練字），而且語言文字本身原是人「用心」的產物，故有感興的功能，感興的功能即是美感的基本條件。所以在文藝創作時，對於文字的運用，是必須注意的。因此，《文心雕龍》整個「爲文之用心」過程中，特別强調語言文字藝術化——「雕縟」的方法和過程。這就反映《文心雕龍》對文藝本質的把握和對語言文字的藝術加工問題的重視。再就「文明」而論，「文」在《文心雕龍》中是多義詞，其中一義是「采」，是「美」，是事物客體的可感形象之美。劉勰對美的形象性，可感性有著清晰的觀念。因此，在解說「文心」與「雕龍」的有關理論時，也以多取象於美的事物爲證明，如〈原道〉所說的「文」：「日月疊璧，以垂麗天之象」、「山川煥綺，以舖理地之形」、「龍鳳以藻繪呈瑞，虎豹以炳蔚凝姿」、「雲霞雕色」、「草木賁華」、「林籟結響，調如竽瑟」、「泉石激韻，和若球鍠」。又如描述人心之美的語詞：「珪璋」、「英華」。《文心雕龍》很少用「美」這個詞，而用「文」、「采」來代替它，這更說明劉勰對美所具有的可感特徵的高度重視，故「文明」就指呈現可感的藝術形象之美。

人心具有欣賞和創造美的本質能力——「文心」；把人心的這種能力，轉化爲形象、聲音等美的形式——「雕龍」。這是人心的「自然」，也是文藝創作的「自然」之理。《文心雕龍》的主題，基本上都屬於美學問題。美學基本任務之一是在了解人心在藝術活動中（如創造、欣賞、想象）的眞相。（註二十）

由「文心」「雕龍」的釋名章義而知，《文心雕龍》構成它的文藝美學理論體系的兩根支柱：人心的藝術心靈活動——「情感」；語言文字藝術形式的完美——「縟采」。《文心雕龍》的美學價值主要就體現在對這兩個方面系統的創造性的論述中。《文心雕龍》以「情」（文藝審美內容）與「采」（文藝審美形式）來概括這兩者。「剖情析采，籠圈條貫」（序志），確實是貫串在《文心雕龍》理論系統中的一條明顯的線索。「情」「采」這個範疇本身，就已經正確把握，並且簡明地表達了文藝的特殊本質。在文藝創作、欣賞、批評論中，常常「情」「采」並提。以「情」「采」觀念爲聯結點，將其他許多審美觀點貫穿起來，構成了一個相當完整的文藝美學體系。

那麼，劉勰（約四六五—約五三二）如何創造了「情采」這全新的，富有時代特徵的美學範疇呢？依《文心雕龍》，劉勰鋪觀歷代文學作品——「按轡文雅之場，環絡藻繪之府」（序志），然後「閱時取證」、「比采而推」（明詩）「剖文奧」（總術），於「彌綸群言」而研精「文」理之後（論說），辨析出「情采」這個文藝的基本美學範疇。

而且劉勰觀「文」（作品）之後，從文藝的本質著手論「文」——「剖情析采」。故其論「文」的範圍皆涉及到作品產生的前後諸問題——作者、作品、讀者。〈知音〉說：

> 夫綴文者情動而辭發，觀文者披文以入情。

由作者而言，作者的「情」，以「辭」（采）來表現；就作品而言，作品本身是「文」，是「采」，但由「采」呈現「情」，由此作品才能具備完整的文藝美感；從讀者而論，透過「文」（采）感受到「情」。這樣看來，「采」（文）是作者所需要用以運思表達，作品所需要以之成形體現，讀者所依賴來了解作品，進一步了解作者的，構成文藝美感的形象領域。「情」是作者創作用心的動力，作品所具有的動人力量之本質，讀者審美和受感動的本源——是繞著文藝品所產生的美感活動的本體。

由此而知，《文心雕龍》的文藝美學理論，以「情采」這個範疇爲中心，其所探討的範圍包括作者、作品及讀者的三方面。而且由《文心雕龍》見到，這些作者、作品、讀者之間所構成的美感活動與整個歷史現象的基源有密切的關係。劉勰考慮到歷史文化整體性，在宇宙、文化現象中，企圖找出

「宇宙秩序」（道之文——天象、地形），「社會文化秩序」（人文）及「文藝美學秩序」（情文）三者同體互通共照，彷彿三種不同的形象（現象）——自然之文、人文、人文中的「情文」（文藝），同享一個脈絡。由此就把文藝問題與中國古代思想文化的發展，密切聯系起來，把文藝問題的解決提到了宇宙論、本體論的高度，企圖從一個廣大的思想視野來給文藝的本質以一種尋根究底的理論說明，而不是僅就文藝談文藝，則《文心雕龍》比一般文學理論，更高一層的角度總括文藝理論。由此形成了自己的文藝美學理論體系。

關于《文心雕龍》美學的研究近況而論，依最近有關《文心雕龍》美學的著作及其論述的內容可分以下幾類：

一、從中國美學史的整個脈胳上，論述《文心雕龍》的美學思想和美學範疇及其在中國美學史上的意義。如：

《中國美學史》第二卷（下），李澤厚、劉綱紀主編。

《中國美學史大綱》（上冊），葉朗著。

《中國美學思想史》第一卷，敏澤著。

二、從藝術心理學的角度，論《文心雕龍》。如：

《中國文藝心理學史》，劉偉林著。

《漢魏六朝心理思想研究》，燕國材著。

三、從藝術哲學的角度，分析《文心雕龍》的美學思想。如：

《劉勰》，劉綱紀著。

《文心雕龍美學思想論稿》，易中天著，這部書亦屬於第四類。

四、以《文心雕龍》美學爲題的專著。如：

《文心雕龍美學思想論稿》，趙盛德著。

《文心雕龍美學》，繆俊杰著。

五、《文心雕龍》專題研究中，部分地論及其美學思想。如：

《文心雕龍研究》，王更生著。

《文心雕龍臆論》，陳思苓著。

六、以《文心雕龍》美學爲題，或以《文心雕龍》的某一篇的美學爲題，談論《文心雕龍》的整個美學思想的大略，或有關《文心雕龍》美學的某一部分。屬於這一類的短篇論文，因其數目之多，在此不能全部列出來，由收有關《文心雕龍》或中國古代文論的寫作而成的論文集——如《文心雕龍學刊》（第一輯—第五輯），《文心雕龍論稿》、《古代文學理論研究》、《古典文藝美學論稿》等及其他學報，可以多見到關于《文心雕龍》美學的短篇論文。

四、五、六的研究內容多少都涉及到一、二、三所取的有關美學的基本立場。

以上幾類的有關《文心雕龍》美學的著述，其論述方式和涉及的範圍各有差別。除了第四類之外，其他研究著作，不屬於針對《文心雕龍》美學理論作全面研究的專論。而且因其所取的觀點之不同，所論的重點往往偏重於《文心雕龍》的某些篇章或其美學上幾個命題。就第四類的著作而言，它們都討論到《文心雕龍》美學的理論體系，而且希望找出貫穿全書的根本的美學思想。但直至目前，雖然也有了某些具有啓發性的見解，但是《文心雕龍》能夠被稱爲文藝美學理論著作的根據、貫串全書的基本文藝美學體系及其所涉及範圍的界定，由此可以導出的劉勰獨創的審美理想、進而《文心雕龍》美學理論具有歷史意義和普遍價值的原因等問題，似乎還未得到解決。

本書依據《文心雕龍》原典，從美學的觀點來探討文學的心靈及其藝術的表現問題。《文心雕龍》並不直接提出美和藝術的本質，或美的規律等問題，而對這些問題作一聯串的描述和設定。從今日美學的角度而言，《文心雕龍》是由六朝當時的文藝觀點，探討從先秦到六朝的文藝現象之後，將其研究成果成爲一部文藝理論形態的著作。所以，以今日美學的立場研究這一部六朝文藝理論著作，其目的在於把《文心雕龍》的有關文藝美學的描述和設定清理出來，重新分析和評估《文心雕龍》的美學理論體系及其價值。

就一般的情況而論，美學理論著作所討論的是「美」、「美感」、「藝術」及其相關的事項和範疇。這些言論，依據論者的觀點，構成了他們的美學觀念和理論體系。對美學理論著作的研究，則是從論者的言論中，去認知他們的美學觀念和理論是什麼，並探究他們爲什麼會有這樣的概念和理論，進而明示這些觀念和理論顯示了什麼歷史意義和普遍的美學價值。

本書對於《文心雕龍》美學的研究，是由「爲什麼」——「是什麼」——「意義和價值」的程序而進行。就「爲什麼」而言，要討論《文心雕龍》美學理論著作成立的內外因素——劉勰本身的著作動機與目的與劉勰所處的六朝文藝美學興盛的環境。就「什麼」而言，要分析《文心雕龍》美學理論的基本體系及其所涉及的具體問題。就「意義和價值」而言，在本稿的最後，要闡明和評估《文心雕龍》的美學理論，在中國美學史上的意義及其所含有普遍的美學價值。

取材方面而言，《文心雕龍》原文爲主要分析材料，此外，取材於中國古代典籍當中有關美學的言論，並參考近人關于《文心雕龍》的著作和論述，及有關美學或文藝心理學等方面的書籍。

【附註】：

註　一：《美學百題》，李澤厚著，六頁。

註　二：《美學與藝術詮釋》，丁履譔著，八五頁。

註　三：《美學四講》，李澤厚著，十四頁。

註　四：《中國美學史大綱》，葉朗著，三頁。

註　五：同註四。葉朗先生認爲中國美學包含有哲學美學、審美心理學、審美社會學、審美文藝學、審美教育學等多方面的內容，三頁。

　　　：《中國美學史》——〈緒論〉，李澤厚，劉綱紀主編，李澤厚先生認爲美學主要是從哲學——心理學——社會學的角度著重分析人類審美意識活動的特徵及其歷史發展在藝術中的表現，分析有關美學的各種規律性的東西在藝術中的表現。並認爲以考察各個時代文學、藝術以至社會的風俗中的審美意識爲研究中國美學的適合、重要的內容。五—七頁。

註　六：同註四。葉朗先生說：「中國美學史的研究對象是歷史上各個時期的表現爲理論形態的審美意識。」，六頁。

註　七：同註五。李澤厚先生說：「本書對中國美學採取狹義的研究方式。」六頁。「所謂狹義的研究，就是以哲學家、文藝家或文學理論批評家著作中已經多少形成的系統的美學理論或觀點作爲主要研究對象。」四頁。

註　八：同註五《中國美學史》——〈緒論〉，四—五頁。

註　九：《西方美學導論》，劉昌元著，十—一一頁。

註　十：同註一，一八頁。

註十一：《美學與意境》——〈美學與藝術略談〉，宗白華著，二十頁。

註十二：《藝術概論》，池振周著，四頁。

註十三：《美學序說》，白琪洙著，五三頁—五七頁。

註十四：同註十二，五八頁。

在此所用的「創美」這個詞語，其意思就指創造引起美感的具體形象，此具體形象就是我們所謂的藝術品，並且在本稿主要指稱文藝品。

註十五：《文心雕龍讀本》，劉勰著，王更生注譯。以下引用《文心雕龍》原文時，只注明篇名。

註十六：《人心與人生》，梁漱溟著，十九頁。

註十七：《美學基本原理》，四—五頁。

註十八：同註三，一〇二頁。

註十九：同註十一，三頁。

註二十：同註八，八頁。

在本稿的本文或附註之內，所舉的古代典籍及近代學者文章之出版者或出版日期均見於參考書目。

第二章　六朝文藝美學發展的環境與文心雕龍

六朝文藝美學，結束了先秦兩漢時期文藝附庸於儒學的政教實用目的，將審美與藝術創作和欣賞中個人的生命意識及個性追求熔爲一體，形成了六朝獨特的文藝美學觀念與範疇，同時產生了許多文藝美學理論著作。

《文心雕龍》可說是將從先秦到六朝的文藝現象全面地總括而成的一部文藝美學綜論。劉勰所以能寫出這樣一部文藝美學理論著作，並不完全由於個人的才識高深，而是當時文藝美學理論水平達到的高度，提供了《文心雕龍》的產生條件。其實，任何藝術理論著作的形成，都是特定時代的產物，也是適應時代的需要並且反映著當時的審美意識和美學觀點，同時還借助於一定的思維方式才能形成的。於是，在本章，把六朝文藝美學發展的原由及特性與劉勰著作《文心雕龍》的主觀、客觀方面的動機與目的聯結起來，進而探討由《文心雕龍》所見到的文藝美學觀念與理論產生的原因。因爲認清《文心雕龍》的文藝美學理論的產生與六朝文藝美學發展的環境之間的關係之後，才能辨明《文心雕龍》的文藝美學理論在中國美學史上的意義，同時可以分辨其美學觀念和理論中的獨創之處。

第一節　由「人」的覺醒重視審美主體的情感活動

在六朝，個人的縱任情性、學術思想的超拔自得、文學的述志抒情，無不昭示著重「情」的趨向。即重「情」的趨向，正代表一個新思潮的興起。

六朝文藝美學的形成，從客觀的條件來說，是六朝的時代特定的歷史因素所促成的。東漢末年，由政治、社會的混亂，造成知識份子的團體（士人集團），從而引起所謂「士之群體自覺」（註一）。六朝文藝美學從某種程度來看，可說是六朝士族的美學。士族經過時代的動亂與在個人悲劇命運的打擊下，開始對過去的傳統思想和觀念發生懷疑，思索生命存在的意義和價值，渴求對自我和生命本質的了解，終乃肯定個人的「情」。即從傳統的束縛解脫出來，追求個體生命的理想境界。這就是所謂「個人之自我覺醒」（註二）。「個人之自我覺醒」便是六朝新思潮成立的基本前提。

由「人」的覺醒，在思想上，儒學衰落而玄學興起。玄學是由道家思想發展而來的，這是由於道家思想對超越亂世桎梏的個人精神自由的追求。即道家思想到了六朝，便成爲六朝士人自由解放的生命形態。換言之，「玄學之大功」在於破除舊傳統的「拘執」，即破除禮法名教的約束，也破除陰陽讖緯的迷信，由此揚棄了兩漢拘迂繁碎的經學，思想的中心轉向對個人自由的探討上（註三）。玄學極大地重視個人的自由與獨立，這種觀念是由覺悟個體意識所造成的，而反過來帶有加强「人」的覺醒的重要意義。玄學是六朝文藝美學能夠打破文藝附庸儒學的束縛，獲得充分獨立發展的重要思想因素。因爲審美與藝術所在的領域是與人類生存的個體性分不開的，對人作爲個體感性存在的意義與價値關注必然會有力地推動審美和藝術的發展（註四）。整個玄學的主題是在具有無限可能性的理想人格本體的構建，但同時又認爲這種本體必須表現爲感性的現象存在，因此它在根本上是與美學相通的。關于「聖人」「有情」還是「無情」的爭論也是如此（註五）。「有」「無」的討論除了聖人有情的肯定，體無達到的精神追求，同時牽涉「有」「無」之間本體與表現的關係（註六）。——即涉及到「本」「末」問題。其實，「本末」，「有無」，「言意」，「名教與自然」等玄學主要辨論主題，在其基本觀念上是一脈相通的（註七）。

玄學的思維主題及其方法，使得六朝文士觀察和分析美學問題有了新的思維模式。玄學的辨論主題中，對六朝文藝美學影響頗大的，便是言意之辯（註八）。它揭示了語言形象中所含有的「意」是一種沒有限度的本體內涵，其內涵的豐富性超過於具體可感的語言形象。「言意之辯」深刻地揭示了文藝創美與審美的特殊規律（詳論見於第五章）。玄學的本末觀念不但體現在對審美觀念、審美方法的啓發上，而且還體現在對美學理論體系的建構上。由《文心雕龍》可見劉勰多受到魏晉玄學所探論的本末觀念的影響，以此爲自己論文的基本思維模式。在〈序志〉以「原始以表末」爲「論文敘筆」的方法；在〈詮賦〉說：「麗辭雅義，符采相勝，如組織之品朱紫，畫繪之著玄黃，文雖新而有質，色雖糅而有本，此立賦之大體也。然逐末之儔，蔑棄其本，雖讀千賦，愈惑體要；……。」；在〈定勢〉提出各種文體應要體現的客觀的風格準則之後而說：「雖復契會相參，節文互雜，譬五色之錦，各以本采爲地矣。」」；在〈鎔裁〉說：「規範本體謂之鎔，剪截浮詞謂之裁。」等等。由這些言論可以肯定劉勰基於玄學的本末觀念而思維文學問題。

與有無本末之辯密切相關的則是「自然」這個範疇。「自然」一詞首見於《老子》，其基本意義可說是不受外力的影響而自己如此。老子所謂的「道」，即是自己如此（「自然」）之道，道本身的存在特性就是「自然」的（見於《老子・二十五章》）。强調「自然」是魏晉玄學的鮮明特色。魏晉玄學對「自然」的推崇給了劉勰的文藝美學思想的構建以明顯的影響。《文心雕龍》以〈原道〉開篇，在此明確提出「自然之道」的觀念（詳論見於第三章）。

除了玄學之外，重視個人的內在精神的佛學也加速「人」的覺醒。在六朝，玄學與佛學的關係非常密切，甚至可以說：「魏晉佛學爲玄學的支流」（註九）。佛學在「神滅神不滅」的論辨中廣泛地使用的「形」「神」的觀念，是主要依據玄學本體論（本末觀念）而闡發的（註十）。玄學「有無」或「言意」的問題都涉及到本末問題，這種探討本體與現象關係的思考，涉及於人身，即是人的「形」「神」問題。因佛教而引起的神滅神不滅的論辨，無論其立場如何，都是就構成人生命的形神關係加以觀察。二派結論雖然不同，卻使得「形」「神」特質的認識更加精密。形神觀念與魏晉人物品鑒有密切的關係。並且六朝文藝對「形象」的注重，繪畫對「傳神」的要求等這些藝術美學的形神論，一定程度上與當時在思想界所討論的形神問題有關聯。

六朝玄學與佛學，促使六朝人站在新的人生境界，對個人自由、精神價值等本質問題思考。這就是「個人自我覺醒」的表徵。但「人」的覺醒正是由對外在重壓的環境之懷疑和否定而來的，所以其覺醒是確透過錯綜複雜的痛苦經歷而實現的。文藝領域比思辨性的哲學，在反映時代環境與思潮方面更加具有直接性、敏感性。《古詩十九首》開了一代先聲，直抒胸臆，深發感喟。在這種感嘆抒發中，突出的是一種生命短促，人生無常的悲傷。這種感慨，從建安直到晉宋，在當時瀰漫開來，成爲整個時代的典型音調（註十一）。

六朝文士深切感受到生命無常，但不只停留在悲觀、消極的感嘆中，反而更極積地追求短促生命所能擁有的意義和價値的極限。換言之，在六朝，對生命有限（死亡）深切感受反而可以高揚人的主體性。六朝文士發現的人的主體性可以說是以情感爲生命內容與特質的自我主體，因爲肯定情感，才重視感官與外物的品賞與描述，並且可以自我設定爲審美主體，並將外物設定爲審美客體（對象）。由此，在六朝，審美主體的情感活動才正式被肯定，而所謂「外物」無論其高下，只要是爲審美主體的情感所欣賞，就成爲獨立的審美客體（對象）。六朝文士所處的周圍環境——自然山水；由「人」的覺醒正式被肯定而受重視的個人才性，皆成爲他們欣賞的主要審美對象。六朝文士所取的對外物的欣賞態度，便可說是在痛苦、短促的人生中追求精神樂趣的一種方式。即基於審美主體情感的自覺，追求生命意義的一種表現。

六朝文士把握有限生命意義的另一種方式，便是以著作追求自我精神生命的不朽。即六朝文士痛苦地面對自已生命的有限性，才可能眞正認識自我對創造性生活的渴望。立德、立功、立言的不朽訴求，原來是儒家的基本觀念。《左傳襄公二十四年》（西元前五四八）說：「太上有立德，其次有立功，其次有立言，雖久不廢，此之謂不朽。」漢代著述《史記》的司馬遷（約西元前一四五—西元前八六）就表明以「成一家之言」（立言）「表於後世」的意圖（〈報任少卿書〉：《文選》第四十一卷）。當然司馬遷著述《史記》的個人主觀方面的動機是由「身毀不用」的不幸遭遇後發憤著書的用心而來的（《史記．太史公自序》）。

至曹丕（一八七—二二六），則由「日月逝於上，體貌衰於下」的悲慨，而發揚了著書對個人精神生命不朽的大效用，《典論．論文》說：

蓋文章，經國之大業，不朽之盛事。年壽有時而盡，榮樂止乎其身，二者必至之常期，未若文章之無窮。是以古之作者，寄身於翰墨，見意於篇籍，不假良史之辭，不託飛馳之勢，而聲名自傳於後。故西伯幽而演易，周旦顯而制禮，不以隱約而弗務，不以康樂而加思。夫然則古人賤尺璧而重寸陰，懼乎時之過已。而人多不強力，貧賤則懾於飢寒，富貴則流於逸樂，遂營目前之務，而遺千載之才，日月逝於上，體貌衰於下，忽然與萬物遷化，斯志士之大痛也（《文選》第五十二卷）。

又〈與王朗書〉說：

人生有七尺之形，死為一棺之土，惟立德揚名，可立不朽。其次莫如著篇籍。（《魏文帝集》）

曹丕以著作立名不朽的觀念，完全出於對自然時序流遷中人的生命存在的促短的關懷與反省。而生死也正是人類的終極關懷的命題，所以著書以求不朽，就反映出六朝文士的生命意識。因此，六朝文士心目中存在著一種著書以立言不朽的相當强烈的希望。漢魏之際的徐幹著《中論》，受曹丕的稱贊：「唯幹著論，成一家言」（《典論・論文》）「著中論二十餘篇，成一家之言，辭義典雅，足傳於後，此子爲不朽矣。」（〈與吳質書〉：《文選》第四十二卷）

處在六朝的劉勰，同樣意識到了以著書追求不朽的六朝文士對生命的關懷。劉勰首先對聖人之制作——經書，即有不朽的觀念，〈徵聖〉說：

妙極生知，睿哲惟宰。精理爲文，秀氣成采。鑒懸日月，辭富山海。百齡影徂，千載心在。

這一千載傳心的觀念，亦見於〈諸子〉：

諸子者，入道見志之書。太上立德，其次立言。百姓之群居，苦紛雜而莫顯；君子之處世，疾名德之不章。唯英才特達，則炳曜垂文，騰其姓氏，懸諸日月焉。……嗟夫！身與時舛，志共道申，標心於萬古之上，而送懷於千載之下，金石靡矣，聲其銷乎！

這樣的垂名千古的用心，劉勰亦用於自己的著作，以此要達成劉勰個人自我成就——成一家之言。這便可說是劉勰著作《文心雕龍》的，其主觀方面的動機與目的，〈序志〉說：

夫宇宙綿邈，黎獻紛雜，拔萃出類，智術而已。歲月飄忽，性靈不居，騰聲飛實，制作而已。夫人肖貌天地，稟性五才，擬耳目於日月，方聲氣乎風雷，其超出萬物，亦已靈矣。形甚草木之脆，名踰金石之堅，是以君子處世，樹德建言，豈好辯哉，不得已也！

又〈序志・贊〉說：

生也有涯，無涯惟智。逐物實難，憑性良易。傲岸泉石，咀嚼文義。文果載心，余心有寄！

漢人司馬遷以著述不朽，超越其人世遭遇的不幸；曹丕卻從自然的時光流轉，要以立言不朽來超越物質生命的短促；劉勰結合二者，加上對於人的生命本質的才智的重視，反省到要超越個人與社會生活的乖舛處境，要超越物質生命的短暫，同時亦要肯定個人才智氣性的成就，以超越於凡庸。著述是個人生命才性的表現與成就，於是生命及人生的意義與價值由此獲得肯定，個人的精神生命得以不朽，文學創作亦得到絕對的重視（註十二）。

對個人精神生命的肯定，是由對人的本質，人的個體性的原由的探討而來的。在六朝，不管在思想界或文藝界都以人爲主題，並且很重視人的內在精神性——「潛在的無限可能性」（註十三）。對個人內在精神特質的肯定，便是以人爲審美、創美主題的前提，即人的內在精神生命與文藝美學的發展有密切的關聯。

六朝文士欣賞自然美與人物美的事實，除了表明賞美風氣的興盛之外，還在六朝審美意識的發展具有重要意義。並且其賞美的重點就顯示六朝審美意識與當時的思潮有密切的關係。

人的內在「潛在的無限可能性」，可以說就是六朝人所重視人的「才性」。六朝美學可以說是以人物才性的辨析爲起點的。漢代的所謂「清議」逐漸演變爲魏晉的人物品鑒。一反漢代重德而不重才的風氣，魏晉的人物品鑒把人物的才能提到了首位。劉邵（約3C初）的《人物志》是在這種重才的風氣之下所產生的。它是爲選拔人材的實用目的而著作的，但《人物志》有關人的本質——「氣性」與個體性——「才性」的探討，正顯示人的不同質性與多樣的生命姿態，由此不但加速人的個體自覺，也開出品鑒人物美的風氣。即具有實用目的的人物品鑒在後來又發展爲審美性的人物品賞。雖然審美態度有別於功利態度，但兩者並非完全相互排斥的。特別是當某種爲功利目的研究的對象呈現了較强的審美特性時，更易造成態度的轉變。牟宗山先生認爲人是天地創造的一個生命結晶的藝術品。每一「個體的人」皆是生命的創造品、結晶品。他存在於世間裡，有其種種生動活潑的表現形態或姿態。直接就這種表現形態或姿態而品鑒其原委，這便是《人物志》的工作。所以《人物志》裡面的品鑒的論述，可以叫它是「美學的判斷」、或「欣趣判斷」（註十四）。由牟先生的說法，更會認知爲政治實用目的而作的《人物志》已經多含有審美性的人物品鑒特色。但《人物志》是主要探討人物品鑒的理則（註十五）。關於人物的種種風貌的具體表現，應求見於《世說新語》。

《世說新語》關于魏晉人物各種言行舉止，留下生動鮮明的記載，其中所被評賞贊美的人物，大都是透過外在的容止顯示內在的情性、才性等精神特質的。於是人物的言行容貌成爲評賞感受其人物內在精神特性的憑藉。以言行形貌見神情的例子多見於《世說新語》中〈言語〉、〈雅量〉、〈任誕〉、〈簡傲〉等各篇章。《世說新語》的〈捷悟〉、〈夙惠〉兩篇，以機智聰明爲賞美的對象。

由此看來，六朝文士欣賞人物時，由外及內，即透過個人獨特的言行而感受到人物內在的「才」

「情」，是人物欣賞所關心的重點。換言之，人物的「形」與「神」就是品鑒人物的關鍵所在。由《世說新語》所見的人物言論是其才智的顯現，而由其姿態形貌所見的人物情性，更展示了人物的「神」味——即是由一個人的精神狀態中所流出的氣氛、情調（註十六）。所謂「徵神見貌」（《人物志・九徵》），一個外在言行與其內在質性相應如是，故欣賞其言行，正是感受其人神情之美。

人物品鑒重「神」（內在精神特質）的風氣，對人物畫的品評發生深刻的影響。人物畫不再追求人物對象的細部、局部的寫實，而是注重其個性特徵，並予以强調突出；在總體上，把「傳神」作爲寫形的目的。這樣的畫論由東晉的顧愷之（約三四五—四〇六）發端，提出「傳神寫照」（《世說新語・巧藝》）、「以形寫神」「傳神之趣」、「悟對之通神」（〈魏晉勝流畫贊〉：《六朝畫論研究》中點校注譯本）的言論，都是要求寫出人物的內心世界。接著又由南齊的謝赫（約5C.）提出「氣韻生動」（《古畫品錄》：同上），說明肖像畫首須把握並表達對象的精神，不僅僅滿足於外貌相似，就是神似重於形似。這些重視「傳神」的畫論，就是將描寫人物的精神特質，要外在地顯現爲某種獨特的狀貌情態，以傳達出人的內在本質，從而達到神似的藝術境界。所謂「傳神」實際上就是表達這種藝術境界，故由此已經明白地顯示出藝術形象的個性化問題。即藝術「傳神」的問題與審美主體自覺很有關係。所謂「神」可說是藝術表現對象所具有的內在精神特質。但它不是自足的，它是與創作主體與欣賞主體思想相通。簡言之，它是爲欣賞或創作主體而存在，同時只對欣賞或創作主體有意義。因爲藝術作品中的「神」，就含有創作主體對表現對象的體悟、評價和鑒賞。從欣賞主體而言，對欣賞對象的關注也是如此。由此看來，「傳神」的藝術理論以審美主體能動的介入，才能成立，而且正因爲如此，才能探論藝術形象的個性化問題。

由此可以說，藝術形神論亦是由「人」的覺醒而形成的。

品鑒人物美之外，欣賞山水自然美也成爲六朝文士生命中的一個要素。《晉書・嵇康傳》說：

康嘗採藥遊山澤，會其得意，忽焉忘反。時有樵蘇者遇之，咸謂爲神。

《晉書・阮籍傳》說：

或登臨山水，經日忘歸。

以自然山水爲一個獨立的審美對象（山水美的發現）與晉人的藝術心靈的孕育有關聯。因爲欣賞山水美時，常含有深厚的情感。王羲之（三二一──三七九）〈蘭亭集序〉說：

是日也，天朗氣清，惠風和暢，仰觀宇宙之大，俯察品類之盛，所以游目騁懷，足以極視聽之娛，信可樂也。……向之所欣，俛仰之間，已爲陳跡，猶不能不以之興懷。況修短隨化，終期於盡。古人云，死生亦大矣，豈不痛哉！每覽昔人興感之由，若合一契，未嘗不臨文嗟悼，不能喻之於懷。固知一死生爲虛誕，齊彭殤爲妄作，後之視今，亦猶今之視昔。悲夫！（《晉書・王羲之傳》）

透過山川之美所感到的樂趣、在自然萬物的流變中察覺到的生命短暫的悲慨，都是外在景物所引起的情感，即覩物興感是人欣賞自然山水時難免的心理反應。《世說新語・言語》記載：

衛洗馬初欲渡江，形神慘悴，語左右云：「見此茫茫，不覺百端交集：苟未免有情，亦復誰能遺此！」

王子敬云：「從山陰道上行，山川自相映發，使人應接不暇，若秋冬之際，尤難爲懷。」

六朝文士欣賞自然美時，不僅不能忘情，而由覩物興感，其中的樂趣與悲慨皆體驗到。這是欣賞自然山水的同時，內心的情感也向外在景物開放的結果——即所謂「情往似贈，興來如答」（《文心雕龍・物色》）。感物而興的「尤難爲懷」之情感，就是引起藝術創作衝動的根源。這些觀念多見於六朝文論（在後詳論）。

就欣賞山水美與當時的思潮關係而言，發現自然山水之美，其基本精神出於老莊，故欣賞自然美的情感與玄理有關聯。於是，對自然美的欣賞，重視自然所表現的「道」——精神美的境界，即人與自然山水相會，可以得到精神的感悟。《世說新語・言語》記載：

荀中郎在京口，登北固望海云：「雖未睹三山，便自使人有凌雲意。」

王司州至吳興印渚中看，嘆曰：「非唯使人情開滌，亦覺日月清朗。」

望海而生凌雲之意，觀渚而至開滌人情，正是人由自然所得到的精神的感動。

至六朝由個人自我覺醒肯定審美主體的情感活動。同時以人本身與自然山水爲獨立的審美對象。肯定人對自然（審美客體）的審美主體地位，必然會帶來對人與自然關係的進一步理解。

先秦兩漢對自然美均持「比德」說，認爲自然美爲人所欣賞，是由於自然本身的形象具有與人的美德相類似的特徵。如「仁者樂山，智者樂水」（《論語・雍也》）；劉向（約西元前七七—西元前六）《說苑・雜言》記孔子答子貢問：「夫水者，君子比德焉。」可見，先秦兩漢人對自然的審美觀照，首先是從人自身的倫理道德等觀念出發的，將對象的外觀特性通過人的聯想而倫理化。因此，先秦兩漢人欣賞自然時，欣賞的重點不在自然本身的形象美或由自然所引起的個人情感，而在自然所比擬、象徵的人的某些美德。

魏晉以來，受玄學的影響，人們嚮往自然，並主動地追求自然。此時山水自然也以其美的姿態，進入人的內心，與人的生命融爲一體，就構成追求物我交融的美感。

重視審美主體的情感活動可說是美感經驗的知覺，並且這種知覺引起對經驗對象價值的徹悟。所以對審美主體情感的肯定，也代表著對藝術心靈的肯定。宗白華先先說：

漢末魏晉六朝是中國政治上最混亂、社會上最痛苦的時代，然而卻是精神史上極自由、極解放，最富於智慧、最濃於熱情的一個時代。因此也就是最富有藝術精神的一個時代。（註十七）

在覺悟個人智慧、情感的風氣之下，才能產生眞正抒情的、感性的純文藝觀念。

漢代文藝思想與其哲學、倫理、政治觀念緊密結合著。關于情感，依《禮記・樂記》而言，一方面就將詩、樂的產生，解釋爲是心爲外物所感，情動於中所生，而又作用於人的情感。另一方面又要求作品表現的情感合乎禮義，即合乎倫理道德的規範。由此强調用禮樂敎化治理人情。因此，漢代雖有關于文藝情感的探討，但往往過分强調文藝的政治敎化作用，而束縛了作者情感的自然流露，實際上忽視其情感因素。

至六朝，情感作爲一種的審美範疇，突出了情感的個體性、自然性、與表現性，使情感從禮義的束縛中解放出來。劉邵在《人物志》，將「情」（情性）成爲人本身所具有的獨特的生理和心理的綜合體（註十八）。在此，人的情感取得了個體獨立的地位。這是藝術情感獨立的前提。在六朝，由個人情感的重視和高揚，不但在日常生活中欣賞自然與人物時肯定審美主體的情感，也在藝術欣賞和創作活動，人放在審美主體的地位，肯定其情感活動。

於是，六朝文藝美學審美主體論的中心可說是情感論。它突出了情感在文藝創作和欣賞中的中介作用，將審美和藝術活動看作情感的活動。即六朝文士意識到了文藝美感活動（創作與欣賞的活動）是一種不可代替的審美主體個人獨特的情感活動。即所謂「文藝美感活動」，基本上便是對「人心」（情感）而言的。在此所謂「人」（審美主體），便是「作者」和「讀者」。所以文藝美感活動，必然是文藝作品與讀者及作者關係上建立起來的。

六朝文藝理論很强調文藝的抒情特性。作者的抒情是其心靈的自我表現，也是對生命本質的一種肯定。而且文學創作活動本身對作者來說，既可舒解心靈的鬱悶，必然也其中可以得到愉悅之感，故陸機（二六一—三〇三）〈文賦〉中說：「茲事之可樂」（《文選》第十七卷）。文學對讀者，亦可以產生愉悅之感，鍾嶸（約四六八—約五一八）《詩品・序》便表明讀者的欣賞美感：「味之者無極，聞之者動心」。

對作者和讀者的美感活動（情感活動）的探討，便構成六朝文藝美學理論的基本課題。因此，在六朝文藝理論中，多見到有關審美主體（作者與讀者）的情感活動的論述。

陸機發展了傳統的文藝美學思想，對詩歌創作突出情感的特徵給予理論上的概括總結，而在〈文賦〉中提出「詩緣情」說。朱自清先生就「詩緣情」說而言：「陸機用了新的尺度，是對『詩言志』那個舊尺度而言。」（註十九）「詩言志」說，偏重於要求詩歌表現志意（「志」雖有時也兼括德性與感情，但又必須合乎禮教規範），強調了詩歌的倫理政教功用（參見《毛詩序》）。「詩緣情」說則偏重於要求詩歌抒發感情，揭示出情感是作者進行創作活動的內在動因和詩歌的審美本質。關于情感因素在作者創作過程中的地位和作用，陸機還作了具體的論述。由此看來，「詩緣情」的「緣情」實是不但揭示了詩歌的審美本質，而顯示了對全般的文藝審美本質的覺醒。情感是文藝活動的基本要素。文藝是「緣情」而產生的。那麼，作者如何「緣情」而創作呢？作者是「感物」而「緣情」，〈文賦〉說：

> 佇中區以玄覽，頤情志於典墳。遵四時以嘆逝，瞻萬物而思紛；悲落葉於勁秋，喜柔條於芳春。心懍懍以懷霜，志眇眇而臨雲；詠世德之駿烈，誦先人之清芬；游文章之林府，喜麗藻之彬彬。慨投篇而援筆，聊宣之乎斯文。

作者之「情」是對四時變遷與萬物興衰的「觀」、「感」而引起的。陸機對「感物」過程的論述就闡明他重視作者內心的感應過程。這種感應過程，就是作者以自己的情感感受外在環境的過程。而因每個人內心狀態之不同，其「觀」、「感」物的方式與由此產生的情感也不同。於是，作者感物的過程，已經可說是一種在個人內心所進行的創造過程。由此看來，對作者「感物」過程的重視，就意味著對作者個人創造的情感活動的肯定和覺悟。

文學創作便是將「感物」而緣的「情」客觀化而成為具有美感的藝術形象之過程。故文藝創作過程可以說是創作主體（作者）的美感活動過程。陸機對作者創作美感活動描述得比較詳細。依〈文賦〉來看，文學創作過程——以「感物」「緣情」到語言文字的藝術表現過程，皆是具有美感意識的活動。為了創造具有美感的藝術形象，作者運用了情感，也要經過想象或聯想的過程。因為文藝領域的確立需要藝術想象作為必不可分的中介。陸機在探討感物緣情的過程中，注意到創作主體的想象活動的特徵，其心理特點是「精騖八極，心游萬仞」，「觀古今於須臾，撫四海於一瞬」。即由主體情感的覺醒，創作主體的想象活動亦被受注意了。

陸機所提出的「感物」「緣情」說，已經相當把握了文藝美感活動的特徵，足以開創了六朝文藝的新局面。六朝文士都有「緣情」觀念的體認，如沈約（四四一—五一三）《宋書・謝靈運傳論》言：「以情緯文」；蕭子顯（四八九—五三七）《南齊書・文學傳論》說：「文章者，蓋性情之風標，神明之律呂也」「等萬物情狀，而下筆殊形」；鍾嶸《詩品・序》言：「氣之動物，物之感人，故搖蕩性情，形諸舞詠」等等，相應的理論在六朝文藝理論中層出不窮。其中鍾嶸在《詩品・序》將「感物」「緣情」的觀念發揮的比較完整。鍾嶸將主體的文藝創作，歸於一種「感興」活動。四季的氣候和景物「感諸詩」，「嘉會」「離群」等，凡斯種種人事「感蕩心靈」，故要以「陳詩」「長歌」來「展義」「騁情」。所以這「感諸詩」的心靈感蕩，便是創作主體心靈的基本美感經驗，同時以此構成藝術美感——「搖蕩性情，形諸舞詠」，對讀者產生心靈感動的欣賞美感。

六朝文論重視作者創作美感，同時重視讀者欣賞美感。其理論觀念見於「緣情說」的進一步發揮，則是鍾嶸力主的「滋味」說。在六朝文論中，「味」已是一個廣泛使用的重要文藝審美範疇。如陸機〈文賦〉說：「闕大羹之遺味，同朱絃之清氾」；劉勰《文心雕龍》說：「探文隱蔚，餘味曲包」（隱秀）「張衡怨篇，清典可味」（明詩）；鍾嶸《詩品・序》中贊賞五言詩是「眾作之有滋味者也」，批評玄言詩是「理過其辭，淡乎寡味」等等。

其實，「緣情」說不只明示創作主體的美感活動，亦涉及到讀者的鑒賞美感活動。因爲作者對外物的「觀」、「感」過程，與讀者對文藝作品的「觀」、「感」過程很類似，同樣是一個「感物興情」的過程。「感」就是「情」的作用。「滋味」是一種有關「感」（感受）的描述。故「滋味」也不但明示讀者欣賞美感特質，同時可以表明作者創作的美感特質。作者對人事、自然及對語言文字的感受，是一種藝術創造的個人情感活動，因此，作者可以由創作獲得創造的愉悅滋味。如顏之推（五三一——約五九〇後）《顏氏家訓・文章》說：「至於陶冶性靈，從容諷諫，入其滋味，亦樂事也」。對讀者來說，欣賞文藝作品時，可以享受到「使味之者無極，聞之者動心」的欣賞滋味。

在六朝，「緣情」說與「滋味」說互爲表裡而促使純文學的發展。由此可知，文藝美學理論到了六朝，顯明地肯定和把握文藝審美主體的情感活動。

以人確立爲獨立的審美主體，同時對外界事物採取欣賞的態度，由此以外界事物本身亦設定爲獨立的審美對象。在這樣的風氣之下，所產生的文藝美學理論多探「感物」「緣情」的問題而特別重視其中的審美主體情感活動。並且「感物」「緣情」的文藝觀念，擴大了文學本質的人心感興的對象，由人生社會而推及宇宙自然。

感興對象範圍的擴大，使得作者對個人生命與宇宙自然更加思索。即情感與外物結合而在作者心中所生的感興，必然與宇宙生命自然的運轉相關，而傷時歎逝的生命的反省，亦必然激發作者對個人生命及生存的價値與意義的反省。由此作者對於文學著作，便賦予極大的意義，以求精神生命的不朽。

從劉勰個人主觀方面而言，其著作《文心雕龍》的目的與動機，在於追求個人精神生命的不朽。而且劉勰以著作爲才智的表現，這就反映劉勰具有了六朝人共同的生命意識，並且顯示劉勰認識了個人精神生命的特質至六朝具體地被肯定的原因——對才性的辨析，而强調著作與才智的相關性。

劉勰受到了自覺審美主體（人）與審美客體（物）的當時社會和文藝界的風氣之影響，而在《文心雕龍》再進一步，首先考慮主體審美可能的本質，由此强調人心的情感本能。在這種觀念的前提下，探討人心對「物色」（自然）與「世情」（人事）的審美關係，並且加以探討人心對文學創作與欣賞的審美關係，由此更完整地闡發六朝「感物」「緣情」的文藝審美主體情感論。（在本稿第四章詳

論）

總而言之，六朝覺醒個人自我生命的思潮，就使得以建言垂名爲劉勰著作《文心雕龍》的個人主觀方面的動機與目的。六朝由「人」的覺醒重視個人才智與審美主體情感的風氣，便影響於建立《文心雕龍》的文藝美學理論及其範疇。

第二節　由「文」的自覺考察文藝形式美及其規律

文藝審美情感的覺醒不但表現爲文學附庸於政教禮義的地位脫離而獨立，而且具體地表現爲文藝形式美的自覺，文藝以語言文字爲媒介而達成其藝術成就，因此，沒有對語言文字（媒介）本身所呈現的美感效果——文藝形式美的認識，文藝的眞正獨立和繁榮就實際上是不可能的。六朝文論，不但以探討審美主體情感活動爲主要課題，而對文藝形式美的特徵和規律的考察也成爲其中心問題，對文藝形式美的重視和考察，可說是由六朝文士對「文」（美）的自覺而來的文藝風氣。李澤厚先生說：

所謂「文的自覺」，是一個美學概念，非單指文學而已。其他藝術，特別是繪畫與書法，同樣從魏晉起表現著這個自覺。它們同樣展現爲講究、研討、注意自身創作規律和審美形式的過程。（註二十）

對「文的自覺」的「文」，一般解釋爲「文學」，李澤厚先生也首先取用這種解釋，李先生「文的自覺」的標題下首先引用魯迅先生的說法——「曹丕的一個時代可說是文學的自覺時代」，而接著論述有關魏晉文學自覺的種種現象（註二一）。此後「文的自覺」涉及的範圍擴大及整個藝術部分。依李先生的說法，既然「文的自覺」是一個美學概念，其涉及的範圍不只限於藝術部門，當然可以說對「文」的自覺的表現最顯明的便是藝術部門。但六朝文士覺醒審美主體，同時自覺審美對象，並且審美對象的範圍不只限於藝術部份，因此，六朝文士自覺的「文」（美）不只限於藝術美，而他們欣賞的所有對象的「美」包括在內。由六朝文士對「美」的自覺和欣賞「美」的整個風氣來了解「文的自覺」這個命題，更會認清在六朝重視文藝形式美的原因。

事物的外形因素及其組合關係，被人通過感官感知，給人以美感，引起人想象和一定感情活動時，這種形式或形象就成爲人的審美對象。即「美」的自覺是皆由審美對象的形象或形式而引起的，故「文」的自覺，更具體地說明其意義，便指對審美對象的形式美的自覺。

六朝文士對形式美的自覺援用於文藝而研究其形式美，開始注意語言文字本身具有的美感特性，並且開始具體地探討語言文字的藝術的運用問題，由此形成了有關構成具有美感的語言文字（藝術語言）的種種規律。

六朝文士由審美主體情感的覺醒，雖重視「神」、「意」、「情」等審美客體所具有精神內含，但同時也重視審美客體的形象或形式本身——「形」、「言」、「采」的美感特質。不管欣賞人物美、自然美、藝術美皆是如此。

就人物品賞而言，魏晉的人物品賞由形見神，雖推重精神美，但對人物容貌舉止本身，也賦與了被獨立賞美的地位。在《世說新語》可多見當時人欣賞人物美貌的例子，如《世說新語・容止》記載：

嵇康身長七尺八寸，風姿特秀，見者嘆曰：「蕭蕭肅肅，爽朗清舉。」或云：「肅肅如松下風，高而徐引。」

潘岳妙有姿容，好神情；少時，挾彈出洛陽道，婦人遇者，莫不連手共縈之。左太沖絕醜，亦復效岳遊遨；於是群嫗齊共亂唾之，委頓而返。

潘安仁、夏侯湛並有美容，喜同行，時人謂之「連璧」。

裴令公有雋容儀，脱冠冕，麤服，亂頭皆好；時人以爲「玉人」。見者曰：「見裴叔則如玉山行，光映照人！」

有人歎王恭形茂著，云：「濯濯如春月柳。」

《世說新語・惑溺》記載荀奉倩（粲）對人物色美的重視：「婦人德不足稱，當以色爲主。」。由此看來，當時人對人物外觀的欣賞，著重在其容貌本身的美而不在於儒家講求的舉止合禮。以自然界的美物——「連璧」、「玉山」、「春月柳」直接比喻人的容止，去除了先秦兩漢用美物來比喻人物德性的「比德」說的教化色采（註二二）。

就自然美的欣賞而言，六朝文士受老莊思想的影響，雖重視自然所表現的「道」——精神美的境界，但對自然所具的審美意識本身，是由自然山水的秀美景色所激發的。因此，六朝文士，亦注意自然景物本身的形象美。在《世說新語》中，可以見到魏晉文士描寫自然山水形象美及從此所得到感受的記述，如《世說新語．言語》說：

王武子、孫子荊，各言其土地人物之美。王云：「其地坦而平，其水淡而清，其人廉且貞。」孫云：「其山崔巍以嵯峨，其水泙渫而揚波，其人磊砢而英多。」

顧長康從會稽還，人問山川之美。顧云：「千巖競秀，萬壑爭流，草木蒙籠其上，若雲興霞蔚。」

道壹道人好整飾音辭，從都下還東山，經吳中；已而會雪下，未甚寒。諸道人問在道所經。壹公曰：「風霜固所不論；乃先集其慘澹，郊邑正自飄瞥，林岫便自皓然。」

六朝文士以語言文字顯示山水自然之美，同時也展露了其語言文字表現方面的才華。由于山水賞會及將其有關景色與從此得來的感受描述的風氣之興起，促成了山水詩的形成。由於要「極貌以寫物」（《文心雕龍．明詩》），在藝術創作中高度形象地再現自然山水之美，山水詩修辭技巧上「窮力以追新」（上同），取得了很大突破，主要表現爲狀物喻形的辭藻的繁富，更多地講求對偶和聲律。山水詩的產生使自然美在藝術中第一次佔據了首位，並得到高度的重視。山水詩的藝術成就便是當時人對自然山水形象美本身的欣賞和關注所帶來的。

六朝文士由「美」（形式或形象美）的自覺，欣賞或創作文學作品時，亦注意語言文字本身的形式美（形象或音律之美）所呈現的耳目之美感。如《文選·序》所謂的「入耳之娛」「悅目之翫」；陸機〈文賦〉所謂的「文徽徽以溢目，音泠泠而盈耳」。

六朝文士的欣賞人物、自然、文藝時，除了重視其所內含的精神特質或意義之外，也注意其外在形象本身的，以耳目可感的形式美。這就反映六朝文士對「文」（形式美）的自覺。

六朝文藝界，由「文」的自覺，正式地反省和考察構成文藝的媒介——語言文字及其運用問題。其實，從漢代開始注意藝術語言問題，從王逸（約2C初）《楚辭章句·序》，班固（三二—九二）《離騷·序》等漢人對屈原的評論中，可見他們已經肯定了屈原作品的藝術語言價值，而且在漢代極盛的辭賦便顯示漢人對辭藻形式（語言文字的形式美）構造下了不少工夫。但漢代文藝還附庸於政教禮儀，文藝形式美的獨立價值仍沒被肯定。關于文藝形式美問題包含在內的，對文藝本身的藝術規律的探討，至文藝自覺而獨立的六朝，才正式開始。

首先，建安時，徐幹論言貌，《中論·藝紀》說：

言貌稱乎心志，藝能度乎德行，美在其中。

曹植（一九二—二三二）〈七啓·序〉中評枚乘（？—西元前一四〇）〈七發〉、傅毅（？—約九〇）〈七激〉、張衡（七八—一三九）〈七辯〉、崔駰（？—九二）〈七依〉而言之「辭各美麗，余有慕之焉！」又在〈七啓〉中論辨言的美麗文采的效果：

夫辯言之艷，能使窮澤生流，枯木發榮，庶感靈而激神，況近在乎人情。（《文選》第三十四

卷）

陳琳（?—二一七）〈答東阿王牋〉贊賞東阿王（曹植）〈龜賦〉的遺辭用句而言：

> 昨加思辱命，並示龜賦，披覽粲然。……音義既遠，清辭妙句，焱絕煥炳。（《文選》第四十卷）

至晉，陸雲（三六二—三〇三）〈與兄平原書〉稱美陸機〈文賦〉的修辭特色而言：

> 文賦甚有辭，綺語頗多。（《全晉文》卷一〇二）

由此可知，魏晉以來對文學語言的反省，已逐漸展開。

在劉宋，范曄（三九八—四四五）對文學語言，就有精深的研究，發現語言文字具有特殊的音律，他在〈獄中與諸甥姪書〉說：

> 性別宮商，識清濁，斯自然也。觀古今文人，多不全了此處；縱有會此者，不必從根本中來，言之皆有實證，非爲空談。（《宋書・范曄傳》）

沈約再進一步提出了文學語言聲律論的規律，他說：

> 欲使宮羽相變，低昂互節，若前有浮聲，則後須切響。一簡之內，音韻盡殊；兩句之中，輕重悉異，妙達此旨，始可言文。（《宋書・謝靈運傳論》）

其實，這時不少文人爲加强文學語言的藝術性，更要求文學語言具有音律美，以此造成新的文風，至齊代開始進入高潮，《梁書・庾肩吾傳》記載其盛況：

齊永明中，文士王融、謝朓、沈約文章始用四聲，以爲新變。至是轉拘聲韻，彌尚麗靡，復踰於往時。

由于這種講究聲律的文風，特別强調文學語言的音律美，逐步形成所謂「永明體」的創作特色。「新變」的文藝思潮，突出地表現在文學語言的巨大變化，蕭子顯《南齊書・文學傳論》說其變化的狀態：一是「托辭華曠，雖存巧綺」「典正可采，酷不入情」；二是「緝事比類，非對不發」「全借古語，用申今情」；三是「發唱驚挺，操調險急，雕藻淫豔，傾炫心魂」。這三類文學語言美感風格，正是包括了藻采、對偶、用典、聲律等因素，正是體現了至六朝興盛的駢麗文的藝術語言特色。

六朝文士對文藝媒介（語言文字）運用的反省，就反映六朝文士對藝術語言（文學的形式美）的自覺，同時顯示對純文藝的自覺。駢麗文的興盛正說明六朝對藝術語言的反省和研究達到極點。李澤厚先生說：

> 六朝駢體，如沈約的四聲八病說，都相當自覺地把漢字修辭的審美特性研究發揮到極致。它們對漢語字義和音韻的對稱、均衡、協調，和諧、錯綜、統一種種形式美的規律，作了空前的發掘和運用，它們從外在形式方面表現了文的自覺。（註二三）

劉勰處在駢麗文昌盛的齊梁時期，受時代風氣的影響，重視駢麗文，《文心雕龍》全書即用優美的駢麗文寫成。劉勰對聲律、對偶、用典、藻采等構成駢麗文的藝術語言的諸要素，都非常重視，在《文心雕龍》用了不少篇章進行了詳細探討。六朝文士强調文學要有高度的藝術性，特別注重藝術形式的表現。在文藝發展中，其形式是最敏感、最活躍的因素，它常是文藝創變的先導，造成文風的重要關鍵。《文心雕龍》關於文藝形式美規律的論述，與當時文藝界的風氣及其客觀上達到的文藝水平分不開。

六朝文士，由純文藝的自覺，對文藝的性質及其構成形式美的規律廣泛深入的研究，從此對文藝的各種體裁的審美特徵有了更多認識，在這樣的基礎上提出了「文」「筆」的區分。劉勰在〈總術〉說：

今之常言，有文有筆，以爲無韻者筆也，有韻者文也。

「文」「筆」把文學作品概括兩大類型，從形式上看，「文」包括一切有韻的文學體裁，如詩、賦和箴、銘等；「筆」指無韻的文學體裁，包括章、奏、論、議、史傳等。

范曄〈獄中與諸甥姪書〉說：

年少中，謝莊最有其分，手筆差易，文不拘韻故也。

范曄從强調聲律的觀點，「文」是如劉勰所謂，專指有韻之文。

再進一步，蕭繹（五〇八—五五四）《金樓子．立言》，更具體地說明「文」「筆」性質之差異：「流連哀思」的抒情文學稱爲「文」；「善爲章奏」的實用文學叫做「筆」，現在所謂「純文學」與「雜文學」之分，其意義有些相近。蕭繹又從其形式上看，對於「文」的範疇，在聲韻之外，加上美采的條件，他說：

至如文者，維須綺縠紛披，宮徵靡曼，脣吻遒會，情靈搖蕩。

由六朝文士對「文」「筆」之觀點，可知文學的含義在其形式美的特徵上被肯定，同時可見出文體（文學體裁）分類已在實用觀與藝術觀之間有了明確的區分。

講究文學語言的華美、文筆之分、文體的劃分等皆顯示當時文藝界對語言文字（文藝媒介）及其運用方法的自覺。這種自覺，是在媒介運用主體的自由情感活動被肯定的基礎之下所形成的。藝術所爲藝術的特質在於其具有「創造」的質性，文藝的創造是一個自由情感和想象的主體無拘束地安排和組織他所運用的媒介——語言文字，製作新的藝術美感形式（形象）而達成的。六朝由純文藝的自覺與對個人才智的肯定，採取隨情感而運用語言文字的創作態度，於是造成六朝文藝追求「新變」的風氣。即六朝文士根據表現經驗的規律，不斷追求在語言文字運用上的嶄新風貌。這便是「新變」的文藝思潮，突出地表現在文學語言的巨大變化的原由。

陸機〈文賦〉說：

謝朝花於已披，啓夕秀於未振。

由此開啓了六朝通變求新的文風。蕭子顯《南齊書·文學傳論》說：

習玩爲理，事久則瀆，在乎文章，彌患凡舊，若無新變，不能代雄。

求新變以爲雄的一代觀念，造成宋齊以來創作的新風氣。《南齊書·陸厥傳》說：

陸厥少有風概，好屬文，五言詩體甚新變。

《梁書・徐摛傳》說：

> 屬文好爲新變，不拘舊體。

《梁書・庾肩五傳》亦講「新變」（見於前引文）。

可知文學「新變」觀念的形成，豐富了文藝的各種風貌，更新了語言文字運用的技巧，以加速文藝形式美的發展。

六朝文士對文藝形式美的重視和求「新變」的風氣，就反映當時對文藝美學特徵的高度覺醒，但其發展到極點，便出現了流弊。當時文壇的風氣，雖不可一概而論，但其總的傾向見於李諤（約5C.末）〈上隋高祖革文華書〉，他說：

> 江左齊梁，其弊彌甚，貴賤賢愚，唯務吟詠。遂復遺理存異，尋虛逐微，競一韻之奇，爭一字之巧。連篇累牘，不出月露之形；積案盈箱，唯是風雲之狀（《隋書・李諤傳》）。

在此，「貴賤賢愚，唯務吟詠」正顯示當時文藝活動的盛況，但只片面地講求形式的極度雕琢而忽視作品的思想內容，這可說是齊梁文風的流弊，即只片面地講求藝術技巧的文風，在「新變」的口號下「競今疏古」（《文心雕龍・通變》），形成一種「厭黷舊式」「穿鑿取新」（《同上・定勢》）「飾羽尙畫，文繡鞶帨」（《同上・序志》）的文風。這種極度追求文藝形式美的文風引起了這一時期隨著儒學的抬頭而出現的某些文士的非難，產生了在齊梁文壇上持續很久的古今新舊之爭(註二四)。

在齊梁文藝界，一方面主張「新變」而「彌尙麗靡」（《南齊書・文學傳論》）的風氣在發展著；另一方面有反對這種風氣提倡「法古」而「不尙麗靡之詞」（《梁書・裴子野傳》）的思想出現。崇古派與競今派，其文學主張的不同，可以從文學的形式與內容兩方面來概括。

在其形式上的不同是古「質」而今「文」，江淹（四四一—五〇五）〈銅劍讚・序〉說：

余以爲古者語質而難解，今者語文而易了（《江醴陵集》卷一）。

古「質」主要指語言的質朴、典奧；今「文」主要指語言的華麗、綺豔，也包括當時正在流行的聲律、事類、對偶等。

在其內容上的不同在於崇古派要求傳統儒家的言志、明道；競今派要求在六朝盛行的抒情即「吟詠情性」。

崇古派推崇五經六義，要求文學依附于傳統儒學的教化功用觀，裴子野（四六九—五三〇）〈雕蟲論〉可說是崇古派其理論上的代表著作，在〈雕蟲論〉對當時「麗靡」相尙的競今派做了尖銳的批評，認爲是「匿而采」的「亂世之徵」。而且反對詩的抒情特質：「自是閭閻年少，貴游總角，罔不擯落六義，吟詠情性。」，而提出傳統儒家的政教詩觀：「古者四始六義，總而爲詩，既形四方之風，且彰君子之志，勸美懲惡，王化本焉。」（《全梁文》卷五十三）

但競今派也不甘示弱，從文學發展規律與文學自身的表情特點著手，標舉了他們的文藝理論，其理論代表者是梁蕭統（五〇一—五三一）、蕭綱（五〇三—五五一）、蕭繹兄弟以及入梁的南齊蕭子顯。他們認爲文學隨時代而變化，故文學「新變」是爲文學生命的不息非常合理的要求並且是必然的現象。蕭子顯《南齊書・文學傳論》所謂「若無新變，不能代雄」的用意亦在此。

蕭統《文選・序》說：

> 踵其事而增華，變其本而加厲；物既有之，文亦宜然；隨時改變，難可詳悉。

認爲文學作品日漸華美是必然的現象，因而《文選》選文時頗重視「翰藻」。

蕭繹〈內典碑銘集林序〉說：

> 世代亟改，論文之理非一；時事推移，屬詞之體或異（《廣弘明集》卷二十）。

因而文章應要「綺縠紛披，宮徵靡曼」（《金樓子・立言》）

蕭綱的〈與湘東王書〉是主要針對裴子野〈雕蟲論〉而提出有力反駁，他站在「麗靡」相尙的立場，批評裴子野的文章「質不宜慕」「了無篇什之美」。並且强調詩的「吟詠情性」的特質而言：

> 未聞吟詠情性，反擬〈內則〉之篇，操筆寫志，更摹〈酒誥〉之作，遲遲春日，翻學〈歸藏〉，湛湛江水，遂同〈大傳〉。（《梁書・庾肩吾傳》）

依據古今兩派的論述與主張，就崇古派的立場而言，競今派的「新變」的文藝觀念發展到極點，就出現了過分地重視文辭雕飾及把「吟詠情性」變爲「濫情」限於寫豔情、色情的現象，由此造成缺乏眞實的內容而只空洞的華麗文辭彌漫的文藝風氣。崇古派針對競今派的這種流弊而提出「法古」「質朴」的文學主張。就競今派的立場而言，雖然由他們的新變、重情、重采的文藝觀念之濫用，產生了流弊，但他們總究看到了文學所應有的審美特徵——美麗的文辭及情性，並且大力地强調了這些文藝審美特徵，推動了純文藝的發展。

就比較兩派的文藝主張具有的意義而言，崇古派的文學主張的出現也有它的時代意義——要改正當時空洞無實的文風，但其文學主張以文學爲教化的工具，只承繼先秦兩漢儒家的文學政教功用觀，理論上沒有新的突破，故其理論主張不值得讚賞。

競今派由於把握了文學的本質，提出因文學的古今之別而引起的文學「新變」的必要性，而由此提出了不少有重要意義的新論點。

由此看來，競今派提出比崇古派更適合文藝本身特質和發展規律的文藝主張。故劉綱紀先生說：「齊梁文壇的新舊之爭，是以新派的勝利而告終的。」（註二五）

在齊梁，文藝追求文辭之美已成爲時尚，同時儒學思想又有所增長促使對當時文風的反省。劉勰《文心雕龍》是在這樣的文藝環境之下產生的，劉勰反省當時的文風，同時受到當時文藝環境的影響，對齊梁古今新變之爭，劉勰充分地肯定競今派所把握的文藝審美特徵，又要求文學藝術語言的「新變」應要根據傳統的文體規範而進行。

劉勰取用崇古派的文學「法古」觀念（當然劉勰所謂的「法古」是對傳統的文體規範而言的，而不是對儒家文學載道觀念而言的），而且批評當時極度追求文辭雕飾的淫靡文風。但依《文心雕龍》全書的內容，其文藝理論以文藝審美特徵爲主題而展開著，並且劉勰很重視文藝「新變」及其關鍵因素——藝術語言風貌的嶄新化。

《文心雕龍》的通變論——「望今制奇，參古定法」——「設文之體有常，變文之數無方」（通變），便可說與齊梁古今新舊之爭密切關聯之下所產生的。並且劉勰提出的通變論又顯示劉勰對齊梁古今新舊之爭所取的立場不是將不同觀念簡單的調和而是將不同觀念有創意性的融合。這便是劉勰「擘肌分理，唯務折衷」的結果，〈序志〉說：

夫銓序一文爲易，彌綸群言爲難，雖復輕采毛髮，深極骨髓，或有曲意密源，似近而遠，辭所不載，亦不可勝數矣。及其品評成文，有同乎舊談者，非雷同也，勢自不可異也；有異乎前論者，非苟異也，理自不可同也。同之與異，不屑古今，擘肌分理，唯務折衷。

「折衷」則是劉勰論文始終持續的基本方法。也正是由於取用「折衷」的方法，使得劉勰對許多文藝問題的看法比較全面、客觀。

劉勰意識到了文學從先秦發展到六朝末期——齊梁，所造成的「去聖久遠，文體解散，辭人愛奇，言貴浮詭」（序志）的文藝風氣。於是，劉勰對所有從古至今（當時）的文體（文章體裁）重新檢討一番，由此要明示各種文體的根源與各種文體固有的創作規範及其美感風格要求。對古今文體的反省與考察之外，還要總括六朝文藝美學發展的新思潮，加以審美規範，以糾正六朝文藝「浮詭」「訛濫」的流弊。

在六朝，由文學的興盛和文風的變化，重視著述及談辨的風氣的盛行，出現了眾多的文論著作（註二六）。

劉勰不但對六朝整個文藝風氣作了反省，而且對六朝多種文論著作亦作了反省，〈序志〉說：

詳觀近代之論文者多矣：至如魏文述典，陳思序書，應瑒文論，陸機文賦，仲治流別，宏範翰林，各照隅隙，鮮觀衢路；或臧否當時之才，或銓品前修之文，或汎舉雅俗之旨，或撮題篇章之意。魏典密而不周，陳書辯而無當，應論華而疏略，陸賦巧而碎亂，流別精而少功，翰林淺而寡要。又君山、公幹之徒，吉甫、士龍之輩，汎議文意，往往間出，並未能振葉以尋根，觀瀾而索源。不述先哲之誥，無益後生之慮。

劉勰對各個文論有褒有貶，但對它們的總評便是「各照隅隙，鮮觀衢路」，「未能振葉以尋根，觀瀾而索源」。劉勰對這些文藝理論的批評，正是針對它們不夠全面、客觀，公允的缺點而言的。

劉勰對當時「競今疏古」（通變）「離本彌甚」的「浮詭」「訛濫」（序志）的文風及支離無序的文論的反省之後，「搦筆和墨，乃始論文」。從此寫成由「振葉以尋根，觀瀾而索源」而「述先哲之誥」以能「益後生之慮」的，「綱領」「毛目」明顯的一部文藝理論巨著（序志）。《文心雕龍》的「論文敘筆」部分——對所有文體在歷史上盛衰變化的反省——主要是就「參古定法」的「常體」而論的。其「剖情析采」部分——從文藝審美本質著手，建立有關文藝創作和欣賞的各種規範——主要是就「望今制奇」的「變文」而論的。即基於把握文藝審美本質及其變化的規律（通變原理），採取「折衷」方法，總結了前人創作與欣賞經驗和文評、文論研究的成果，又幾乎在每個方面都有所闡發，並使之系統化，從而構成了比較完整周密的文藝美學理論，這就是劉勰著作《文心雕龍》，其客觀方面的動機與目的。

劉勰觀「文」之後，「彌綸群言」研精「文」理，而且劉勰觀「文」的重點在於文藝審美本質——情性與文采（藝術語言）上面。因此，由劉勰著作《文心雕龍》的客觀方面的動機與目的，可窺見六朝由「文」的自覺而形成的文藝美學觀念及其理論所達到的水平。

劉勰「爲什麼」著述《文心雕龍》這一部「體大慮周」（《文史通義・詩話》）的六朝文藝美學綜論？換言之，劉勰「爲什麼」會具有由《文心雕龍》見到的那樣的文藝觀念和理論？劉勰在〈序志〉從其主觀與客觀兩方面表明著作《文心雕龍》的動機與目的，以此可知劉勰著作《文心雕龍》的原因，同時可以知道劉勰的文藝觀念和理論與六朝文藝美學發展的環境密不可分，甚至可以說，劉勰著作《文心雕龍》的動機與目的本身便是在六朝文藝思潮影響之下所設定的。

六朝是中國歷史上繼先秦百家爭鳴之後的又一個思想活躍時期。玄學的興盛和佛教的迅速傳播，由此促使「人」的覺醒，人的情感作爲審美活動的主觀基礎得到强調，使六朝文士脫離了兩漢經學的束縛，藝術活動更爲豐富、多樣，審美觀念趨於自覺，從各個側面得到深化。文藝美學理論將文藝的政教功用與文藝的審美本質逐漸分開，認識到審美主體和客體的獨立性、文藝審美特性和價值以及文藝的美感效果。由文藝審美主體的能動性得到重視，各種文藝形式美的規律得到發掘和運用。即由文藝質性的認識，重視情感個性的表現，强調構成文藝特性的藝術媒介——語言文字及其運用成果的巧拙。文藝本身獨立審美價值的確立，可說是六朝文藝美學理論的最高成就。

劉勰對齊梁時期煩濫淫靡的文風深致不滿，而從情感和文采兩個方面都提出了審美規範。但《文心雕龍》的文藝美學理論體系就建立在晉宋齊梁文藝美學思想發展的基礎之上，劉勰在《文心雕龍》所取用的「自然」觀念、重視主體情感活動、探討構成文藝形式美的種種規律等，這些都反映出劉勰總體上肯定和接受當時的文藝美學觀點。

由此看來，劉勰借助於六朝文藝美學發展的環境，透過自己對歷來文藝活動的反省和思索，創作出《文心雕龍》這一部體系完整，內容客觀和全面的文藝美學理論著作，以此達成「述先哲之誥」「益後生之慮」的客觀方面的著作目的，同時以此成就劉勰個人主觀方面的生命意義——以「制作」追求精神生命的不朽。劉勰以制作肯定個人生命不朽時，强調人的才智與制作的關係，這種觀念反映在《文心雕龍》有關作者與作品關係的探論上面。

劉勰著作《文心雕龍》動機與目的，不管其主觀或客觀方面，皆反映出當時「人」與「文」自覺的思潮。

由「人」與「文」的覺醒所被重視的，構成文藝審美特性的兩大因素——審美主體情感與藝術語言，到了劉勰《文心雕龍》成爲其討論的基本主題，並且在此得到較有完整性的理論總結。簡言之，《文心雕龍》所探討的文藝美學基本範疇不外是人心的美感活動（心——「情」）與藝術語言（文——「采」）的問題。

【附註】：

註　一：《中國知識階層史論》（古代篇）——〈漢晉之際士之新自覺與新思潮〉，余英時著，二〇五—三二七頁。

註　二：《國學概論》，錢穆著，一五〇頁。

註　三：《兩晉南北朝史》（下）：「玄學之大功，在於破除拘執。其說之最要者，為貴道而賤迹。道者今所謂原理，迹則今所謂事實也。前此之言治者，率欲模放古人之形迹，自經玄學家之摧破，而此弊除矣。」，呂思勉著，一三八六頁。

註　四：《中國美學史》第二卷（上），李澤厚，劉綱紀主編，六頁。

註　五：同註四，一一頁。

註　六：玄學在重視個人情性本體的立場，重新揭示理想人格的精神境界。於是產生了「聖人有情無情」的辯論，如《魏志・鍾會傳》注曰：「何晏以為聖人無喜怒哀樂，其論甚精，鍾會等述之。弼與不同，以為聖人茂於人者神明也，同於人者五情也。神明茂故能體沖和以通無，五情同，故不能無哀樂以應物。然則聖人之情，應物而無累於物者也。今以其無累，便謂不復應物，失之多矣。」

註　七：關于這一方面的詳論參見《王弼》——〈老子注分析〉，林麗眞著，三七—八三頁。

註　八：王弼《周易略例・明象》中的「得意在忘象，得象在忘言」，開起了玄學對言意的論辨。玄學「言意之辨」的具體內容參見《玄學、文化、佛學》（《魏晉玄學論稿》）——〈言意之辨〉，湯用彤著，二三—四四頁。

註　九：同註八，三七頁。

註　十：佛學「神滅神不滅」的大辯論在六朝興起一時，其辯論的內容參見《漢魏兩晉南北朝佛教史》——〈形神因果之辯論〉，四二三—四二八頁；〈范縝神滅論〉，四七〇—四七三頁．湯用彤著。

註十一：表現人生感慨的文藝作品在當時瀰漫的情況，參見《美的歷程》——〈魏晉風度〉，李澤厚，八七—八九頁。

註十二：劉勰結合司馬遷與曹丕的立言不朽的看法，參考〈中國上古文學批評的一個主題的觀察〉，廖蔚卿著，五三—五七頁。

註十三：同註十一，九二頁。

註十四：《才性與玄理》，牟宗山著，四四頁。

註十五：《人物志》論文的大義，參見同註八——〈讀人物志〉，一—七頁；湯先生說：「人物志，雖非純論原理之書（故非純名學），然已是取漢代識鑒之事，而總論其理則也。」，十二頁。

註十六：「神味」的意義見於《中國文學論集》——〈體貌發現的另一線索——由人物品藻向文學批評〉，徐復觀著，二四頁。

註十七：《美學與意境》——論〈《世說新語》和晉人的美〉，宗白華著，一八二頁。

註十八：《人物志．九徵》說：「蓋人物之本，出乎情性。情性之理，甚微而玄，非聖人之察，其孰能究之哉？凡有血氣者，莫不含元一以爲質，稟陰陽以立性，體五行而著形；苟有形質，猶可即而求之。」劉邵認爲人的情性是稟受陰陽二氣化生的。而他還認爲稟氣有偏，形成了不同的個性氣質，所以性有所偏，人的情感也具有鮮明的個體性，《人物志・體別》說：「夫學，所以成材也；恕所以推情也。偏材之性，不可移轉矣。雖教之以學，材成而隨之以失；雖訓之以恕，推情各從其心。信者逆信，詐者逆詐，故學不入道，恕不周物：此偏材之益失也。」

註十九：《朱自清古典文學論文集》——〈文學標準與尺度〉，朱自清著，六頁。

註二十：同註十一，一〇〇頁。

註二一：同註十一，九五—一〇〇頁。

註二二：《荀子・法行》說：「夫玉者，君子比德也。」；劉向《說苑・雜言》說：「玉有六美，君子貴之。」

註二三：同註十一，九九頁。

註二四：儒家思想重新抬頭，這在齊梁時期表現得最明顯。它結了這一時期文藝美學以重要影響，《文心雕龍》可說是其文藝美學受儒家思想重新抬頭的齊梁思潮影響的典型例子。史書記載有關齊梁君主推導儒家的詔令，並且採取了不少措施，其例子參見同註四（下），六二六—六二七頁。

註二五：同註二四，七〇二頁。

註二六：《六朝文論》，廖蔚卿著，七—八頁。

第三章　文心雕龍文藝美學理論的基本體系

在文心雕龍的文藝美學理論中，「心」與「文」的問題占有最基本、最重要的地位。從其著作以《文心雕龍》爲名，即可見出它對「心」與「文」的問題的重視。而且它特別在「文心」之下加以「雕龍」二字，明示它所論的「文」就是「被藝術心靈孕育而成的象雕龍的龍一般美麗的文學。」從〈原道〉開始的前五篇，屬於《文心雕龍》的樞紐論——「蓋文心之作也，本乎道，師乎聖，體乎經，酌乎緯，變乎騷，文之樞紐，亦云極矣。」（序志）。《文心雕龍》在辨明「道」、「聖」（人）、「經」（文）的三者關係時，從宇宙本體論的高度肯定，聖人的創作用心及由此創造出來的經書（文）的文化價值。並且由此導出文藝產生的基本原理——由「心」生「文」。而且由「體乎經」「變乎騷」，導出文藝創變的規律及其關鍵所在。基於樞紐論，在〈情采〉篇中，再進一步，從文藝的特質——語言文字的藝術的運用出發，探討文藝的基本美學範疇——「情」「采」及其運用規範。由以上的論述，確立《文心雕龍》美學的立論根據，同時闡明其文藝美學理論的基本體系。

第一節　由人心的審美、創美能力探討文藝的產生及其創變的規律

美之爲美，總是對於人而言的，劉勰明白了這一點，處處聯繫著人（心）探論美（文）。〈原道〉說：

文之爲德也，大矣！與天地並生者，何哉？夫玄黃色雜，方圓體分，日月疊壁，以垂麗天之象；山川煥綺，以鋪理地之形：此蓋道之文也。仰觀吐曜，俯察含章，高卑定位，故兩儀既生矣。惟人參之，性靈所鍾，是謂三才。爲五行之秀氣，實天地之心生，心生而言立，言立而文明，自然之道也。旁及萬品，動植皆文：龍鳳以藻繪呈瑞，虎豹以炳蔚凝姿；雲霞雕色，有踰畫工之妙；草木賁華，無待錦匠之奇；夫豈外飾，蓋自然耳。至於林籟結響，調如竽瑟；泉石激韻，和若球鍠：故形立則文生矣，聲發則章成矣。夫以無識之物，鬱然有彩，有心之器，其無文歟？

劉勰，從《易傳》所說「天文」「人文」問題出發，導引出在文藝意義上理解的「文」（註一）。雖然「天文」「人文」的思想是由《易傳》提出的，但它在《易傳》中所占的地位及其審美意義遠不如在《文心雕龍》中這樣重要、突出。從〈原道〉所描述的「天文」「人文」來看，劉勰是由形上和審美角度觀「文」、論「文」的。所以在此所論的「文」（天文、地文、動植物之文），就是自然萬物

生來具備的形象，而且它本身含有美麗的文采。由此可以推論，「文」是可感的形象，而且其形象本身呈現著美麗的文采，故可以簡言之，劉勰所謂的「文」就指可感的形象之美。而且從廣義的「文」出發，論及狹義的「文」（文學，文章），由其談論過程，可以知道在《文心雕龍》探討的「文」，其主要對象是以語言文字構成的「文」。

依〈原道〉看，萬物本體的道，並不是固定不變的一個存在物，「道」就是宇宙萬物自然而然形成和變化的道理——自然之道。由人的形體而言，人亦屬於宇宙萬物中的自然物，所以可說人亦是由道而生的。但從人的心靈而言，不同於自然界的「無識之物」，〈序志〉說：

> 夫人肖貌天地，稟性五才，擬耳目於日月，方聲氣乎風雷，其超出萬物，亦已靈矣。

人作爲自然物而且其形體本身就是一種「文」，但與其他自然物的區別在於人是有心靈的，故能參與天地化育——「惟人參之」，即惟人能主動地創造自己的「文」（人文）（註二）。即人由道而生，但人與其他無識之物不同，人有心，人心本身具備了創造的能力。以心觀文，體道之後，象「道」創造出宇宙萬物一般，用其心而創造「人文」。故可以說，「人文」的本體就是人「心」。於是由「心」而引出「文」（文學）的產生，提出「心生而言立，言立而文明」的命題。文藝是由心而生的，但人不是憑空而創造「文」。透過審美活動，文學創作的心靈孕育之後（心生），才可以「言立，文明」。文藝是人心的創造物。而且劉勰強調人心的主動性，其目的主要針對文學創作活動而言，所以人心本來具有的感受能力、創造能力，無妨可稱之謂人心的「審美能力」「創美能力」。有關人心生來具備的審美、創美能力的記述，見於〈明詩〉：

人稟七情，應物斯感，感物吟志，莫非自然。

在此所謂的「情」指思維感受能力（審美能力），並與「感物」相聯。天地生來具備可感形象之美。劉勰空前地突出了「文」的美的意義。但是，大自然的種種形象、聲音，只有通過具體的審美心理活動，才對人心有審美的意義和價值。換言之，一切「文」的存在，將通過審美的心理過程，並使「文」成為因人的美感本能而存在之物。

從天地萬物之「文」到人心所創造的「文」，其間，最重要的中介，就是人心──情感。由此可以推論，依《文心雕龍》，所有宇宙萬物（人包含在內）的本體就是道，但是透過現象認識「道」的主體是人（「有心之器」），故所有有關「美」的意識之主體，就是人──人心。即「道文」是客觀的存在，「人文」是主觀的制作，透過主觀的製作，「道文」的價值才能表現。

「情」受客觀事物的激發，得以藝術的表現，形成作品，這是劉勰論文的出發點。承認人心的審美、創美活動合于「自然之道」，就是肯定人的情感的價值和表現人的情感的合理性。所以劉勰在〈情采〉篇以「情文」囊括所有由人心產生的文學作品。這裡體現了魏晉以來文藝美學的新內容。當劉勰提出「情文」概念時，中國文藝表現理論已經達到相當自覺的高度了。因為劉勰並不是對文學的這一特質作直觀的描述，而是把它和本體論的研究緊密地結合在一起了。運用《易傳》以太極之道為中心，而天文、地文、人文具有統一性的原理來論證，人的審美、創美能力。由此導出文學產出的內在的必然性。〈原道〉說：

> 人文之元，肇自太極，幽讚神明，易象惟先。庖犧畫其始，仲尼翼其終。而乾坤兩位，獨制文言，言之文也，天地之心哉！……自鳥迹代繩，文字始炳，……。

「人文」是人類所創造的文化的總稱。劉勰除了從本體論的立場探討，人的產生以及人的「心」、「言」、「文」的關係來說明文學的產生之外，還從易象、文字的創造出發，論及文學（經書）的產生。這是劉勰從中國古代歷史文化現象，論文學產生的具體的探討。

依卡西勒（Ernst Cassirer, 1874—1945）的看法，人可被定義爲會創造與使用符號的動物（註三）。在中國古代，人最初怎樣創造符號呢？《易．繫辭傳》下說得十分明白：

> 古者包犧氏之王天下也，仰則觀象於天，俯則觀法於地，觀鳥獸之文，與地之宜，近取諸身，遠取諸物，於是始作八卦，以通神明之德，以類萬物之情。

在此所闡析的便是古人從觀察萬物到制成八卦的整個過程：「仰觀俯察」、「近取諸身，遠取諸物」，即是擬取自然界或人事中的種種現象，概括乎八卦之中，以體現對宇宙間現象的認識。所謂「觀」與「取」，是這一創造過程的兩個階段，所「觀」之物，乃是自然、人事中的具體現象，所「取」之「象」，則是模擬這些具體事物成爲有象徵意義的「易象」。因此，《易．繫辭傳》上對「象」的解釋是：

> 聖人有以見天下之賾，而擬諸其形容，象其物宜，是故謂之象。

易象是人用心來創造的最初「人文」，但是「易象」作爲象徵著神秘幽微之「道」的符號，故其意義需要用更具體、鮮明的符號加以解釋，以助於人的理解。於是孔子「獨制文言」，便首開文學的濫觴。「言之文」是「天地之心」的人（聖人孔子）所創造，即語言文字的美（文），是具有「心靈」的人創造出來的。

易八卦（象）只是象徵天地之道的符號而已，六十四卦是由八卦重疊而成的，每卦六爻，計三百八十四爻，象徵萬物。劉勰把天地萬物之文和人文緊密地結合起來了。這種結合的主體就是聖人。聖人借爻辭才能說明卦象的作用上的變化。而語言文字不止於象徵宇宙變化道理的符號之性能。它是有形、音、義三要素，與人類整個文化有關。所謂「心生而言立，言立而文明」指語文是人的心聲的表徵。而「易象」並不象徵人心，只有爻辭才能看出聖人之心意。故說：「聖人之情，見乎辭」〈徵聖〉。在《文心雕龍》的文學發生論中「心」這一概念是最根本的主要因素。〈原道〉說：

> 爰自風姓，暨於孔氏，玄聖創典，素王述訓，莫不原道心以敷章，研神理而設教，取象乎河洛，問數乎蓍龜，觀天文以極變，察人文以成化，然後能經緯區宇，彌綸彝憲，發揮事業，彪炳辭義。故知道沿聖以垂文，聖因文以明道，旁通而無涯，日用而不匱。易曰：「鼓天下之動者存乎辭」。辭之所以能鼓天下者，迺道之文也。

就「原道心」的觀念，標示經典及一切文章莫不是原於道心的人心的創作，「心生而言立，言立而文明，自然之道也。」因此，「文心」即是「言爲文之用心」（序志），文學藝術是人的心靈的創作活動成了主要的命題。人心的創作活動必落實於人：「作者曰聖，述者曰明」（徵聖），將五經的體製之完成，主要歸諸於集大成的聖人孔子：「雕琢情性，組織辭令」的語言藝術的偉大成就：「聖賢書辭，總稱文章，非采而何！」（情采）。在〈徵聖〉標示了這個主題：

妙極生知，睿哲惟宰。精理爲文，秀氣成采。鑒懸日月，辭富山海。百齡影徂，千載心在。

這裡舉示的不僅是聖人所創製的五經的文采辭理之美及聖人對文章的認知，並且凸顯出聖人語言藝術之偉大在於他的睿智，這就與作者的才性問題相關，而才性又必然回歸於心靈的運作。故在〈事類〉說：聖人創作的經典是「才思之神皐」。

就聖人的創典心靈的運作——「雕琢情性、組織辭令」而言，在〈徵聖〉說：

夫鑒周日月，妙極機神；文成規矩，思合符契。或簡言以達旨，或博文以該情，或明理以立體，或隱義以藏用。……故知繁略殊制，隱顯異術，抑引隨時，變通適會，徵之周孔，則文有師矣。

文章基本表現形式——繁、略、明、隱——及其運用方法——「抑引隨時，變通會適」，起於聖人的創典過程。因此，以四種表現形式成爲經典的語言藝術，以經典爲文章本源的後來的文章，也在其語言文字運用上，以此四種表現形式爲中心，加以變通運用。

聖人體會天文和人文形成變化的道理之後，「雕琢情性、組織辭令」，創造了文章，以用於教化人心，並完成了天地人事之和諧及文章之美。所以說道依於聖人的明智而得以完成文章，聖人以文章闡明了道：「道沿聖以垂文，聖因文以明道」。

就聖人的文章——經書而論，〈宗經〉說：

> 三極彝訓，其書曰經。經也者，恆久之至道，不刊之鴻教也。故象天地，效鬼神，參物序，制人紀，洞性靈之奧區，極文章之骨髓者也。

經書在內容上包括天地人之道——「恆久之至道」。又因其爲聖人象天地、效鬼神——「原道心」「研神理」而創作，以是「不刊之鴻教」，它同時是聖人「雕琢情性、組織辭令」而成，所以經書的文章「洞心靈之奧區，極文章之骨髓」。由此發揮「鼓天下之動」的文章作用。而且「鼓天下之動者存乎辭」，即經書的多種功用——「經緯區宇，彌綸彝憲，發揮事業」——基本上，以「彪炳辭義」來完成。於是〈宗經〉申述五經的「辭」「義」：

> 自夫子刪述，而大寶啓耀。於是易張十翼，書標七觀，詩列四始，禮正五經，春秋五例，義既挺乎性情，辭亦匠於文理，故能開學養正，昭明有融。

「辭」「義」是五經的本質，也是感動人心而產生美感效用的文藝特質。又就經書的體製而言，五經因其「致化惟一，分教斯五」，形成了語言文字的殊異風格，而由此構成了文類之分，〈宗經〉說：

> 夫易惟談天，入神致用。故繫稱旨遠辭文，言中事隱，韋編三絕，固哲人之驪淵也。書實記言，而詁訓茫昧，通乎爾雅，則文意曉然。故子夏歎書，昭昭若日月之代明，離離如星辰之錯行，言照灼也。詩主言志，詁訓同書，摛風裁興，藻辭譎喻，溫柔在誦，故最附深衷矣。禮

以立體，據事制範，章條纖曲，執而後顯，採掇片言，莫非寶也。春秋辨理，一字見義，五石六鷁，以詳略成文；雉門兩觀，以先後顯旨；其婉章志晦，諒已邃矣。尚書則覽文如詭，而尋理即暢；春秋則觀辭立曉，而訪義方隱。此聖文之殊致，表裡之異體者也。……故論說辭序，則易統其首；詔策章奏，則書發其源；賦頌謌讚，則詩立其本；銘誄箴祝，則禮總其端；記傳盟檄，則春秋爲根；並窮高以樹表，極遠以啓疆，所以百家騰躍，終入環內者也。

經書是由聖人「雕琢情性，組織辭令」而成的「性靈鎔匠，文章奧府」。故其文章「志足而言文，情信而辭巧，含章之玉牒，秉文之金科」（徵聖）。其語言表現特性「辭約而旨豐，事近而喻遠」，所以「往者雖舊，餘味日新」（宗經）。依《文心雕龍》，經書是文藝審美理想的典範——「聖文之雅麗，固銜華而佩實者」（徵聖）。故「建言修辭」，必須宗經（宗經）。

以上看來，聖人所以爲聖人，是由於以「心」觀「文」，體「道」，由此創典（經文）。而經書所以爲經書，是由於以「彪炳辭義」的語言文辭體現了「道心」（體「道」的心情），並且由此具有「鼓天下」的文章的功能和力量。

由「心」生「文」，「文」果載「心」（序志），所以「百齡影徂，千載心在」（徵聖），「世遠莫見其面，覘文輒知其心」（知音）。劉勰明白了在文學創作上，「心」與「文」的必然關系，基於傳統的人文思想（易傳的思想），發揮自己的獨創見解——「文心」，由此提出「心生而言立，言立而文明」——產生文藝的常則。

文學以人心與語言文字爲其本質。但人心各各不同，文辭之變亦各異：「情致異區，文變殊術」（定勢）。文學藝術活動是人文活動中的重要一環，故文學藝術活動也與一般人文現象一樣，不斷地變化，講究創新。其創變的主體就是個人才志（作者藝術個性），而文學創新的表徵便是，由語言文字的運用而成的「奇文」（作品獨特的語言藝術美感）。劉勰將在中國文學史上最初個人作者——屈原及其作品——離騷，成爲文藝創變的起源，據此，提出文藝創變的規律及其關鍵所在。〈辨騷〉說：

自風、雅寢聲，莫或抽緒，奇文鬱起，其離騷哉！固已軒翥詩人之後，奮飛辭家之前，豈去聖之未遠，而楚人之多才乎！……固知楚辭者，體慢於三代，而風雜於戰國，乃雅、頌之博徒，而詞賦之英傑也。觀其骨鯁所樹，肌膚所附，雖取鎔經旨，亦自鑄偉辭。故騷經、九章，朗麗以哀志；九歌、九辯，綺靡以傷情；遠遊、天問，瓌詭而慧巧；招魂、大招，豔耀而采華；卜居標放言之致；漁父寄獨往之才。故能氣往轢古，辭來切今，驚采絕豔，難與並能矣。……若能憑軾以倚雅、頌，懸轡以馭楚篇，酌奇而不失其貞，翫華而不墜其實，則顧盼可以驅辭力，欬唾可以窮文致。

劉勰首先肯定創新的因素——屈原個人的才能，及由才力而產生的「奇文」——個人創作。但是這「奇文」並不是「入於詭」的奇文。劉勰例舉楚辭有同於經典者四：典誥之體、規諷之旨，比興之義、忠怨之辭。所以說他「骨鯁所樹」，「取鎔經旨」而體法於三代，這是對規範本體——繼承傳統而言。又舉其異於經典者四：詭異之辭，譎怪之談，狷狹之志，荒淫之意。而評他「肌膚所附」「自鑄偉辭」這是對語言文字的運用上發揮獨創而言。而「風雅於戰國」，所以對啓發後代而言是「詞賦之英傑」。以此肯定屈原的藝術成就及歷史地位——承先啓後的作用。這正由於屈原明白了文學創變的原則，是作者自成一家的典範。故謂後世作者，若能「依雅頌」之常體（體乎經），「馭楚篇」的變文（變乎騷），便可以「驅辭力」「窮文致」，能創造出奇而不失貞，華而不失實的作品了。

由此看來，「體乎經」、「變乎騷」便是文藝創變的基本準則。這不外是通古今求變化的通變之術。在〈通變〉贊說：

> 文律運周，日新其業。變則堪久，通則不乏。趨時必果，乘機無怯。望今制奇，參古定法。

「文律運周，日新其業」，這是文學史上所出現的必然現象。因爲文學現象以變而求新則可久；求通於歷代相沿之文律則不乏，文學通變的基本原則是主創新的。文學創新的原則便是「望今制奇，參古定法」劉勰由此明確地提出了文學創變論的要義。〈通變〉首段表明了其主要體綱：

> 夫設文之體有常，變文之數無方，何以明其然耶？凡詩、賦、書、記，名理相因，此有常之體也；文辭氣力，通變則久，此無方之數也。名理有常，體必資於故實；通變無方，數必酌於新聲；故能騁無窮之路，飲不竭之源。然綆短者銜渴，足疲者輟塗，非文理之盡，乃通變之術疎耳。故論文之方，譬諸草木，根幹麗土而同性，臭味晞陽而異品矣。

通變之理用於文學創作上，其意義就在於創出具有獨特的個性和風貌的作品。而這種獨特性是作者透過「文辭氣力」的運用而表現出來的。作者創作時，設文據其常體，但其所運用的語言文字有了變化，不同時代及不同作者由于思想感情的不同，題材內容不同，各人便表現出不同的「文辭氣力」，這就是由「變文」來的「獨創」。也就是「根幹麗土而同性，臭味晞陽而異品」之意。

屈原多「才」，基於經典之體，加以自己的「爲文之用心」（鎔鑄），達成「驚采絕豔，難與並能」的藝術成就。即盡其「無方」的「文辭氣力」，作品的氣力勝於古人，作品的文辭呈現創新的面貌。屈原的藝術成就，由他「變文」之術的卓絕，即他在語言文字運用方面發揮了才能，由此創出獨特的文藝美感風格。

文藝的發展及變化的規律是通古求今之變的通變之理，而其創變的關鍵在於，由人心之不同而來的語言文字運用的不同。其實，各門藝術都是由人心而創造的。其間的區別在於使用的媒介的不同。文學是以語言文字爲媒介而成的藝術。故如何嶄新地運用語言文字，這就是決定藝術美感成就的關鍵所在。

在〈通變〉所講的「變文之數」指寫作上新變的方法。劉勰很重視文學創作的方法——「術」，所以在〈總術〉提出文學創作時「曉術」、「研術」的必要。

不剖奧奧，無以辨通才。才之能通，必資曉術，自非圓鑒區域，大判條例，豈能控引情源，制勝文苑哉！

「變文之數」可說是使文學不斷地呈現新面貌的，在創作實踐上的具體方法。不過其實踐方法因人而異，沒有辦法設定一定的規格，所以說「無方」。這就是各文學藝術作品具有獨創性的原由。即要獨創，應該創出嶄新的語言文字美感風格。簡言之，劉勰有關文學創變的論述，其重點在於語言文字的藝術化過程。故劉勰又在〈正緯〉，肯定緯書中所敘述的故事含有的想象成分，及其所使用語言文字的美感特性。美麗的文辭表現、富有想象的故事都透過語言文字的藝術的運用而達成的成果。故〈正緯〉亦與對文學創變的論述有關。〈正緯〉說：

若乃羲農軒皞之源，山瀆鍾律之要，白魚赤烏之符，黃銀紫玉之瑞，事豐奇偉，辭富膏腴，無益經典，而有助文章。

劉勰經術與文章（文學）已經分得清楚，他敘述〈正緯〉的眞正目的，不是在於從經學的立場論辨「經」與「緯」，而是在於從文藝的角度，觀察緯書，其中找出繁盛華麗的文辭及詭怪宏偉的故事，由此肯定其價值能助於文章。即緯書中所見的故事和文辭，可以擴展作者的文藝想象力，可以加强作者運用語言文字的能力。「是以古來辭人，捃摭英華。」（〈正緯〉）

在《文心雕龍》的樞紐論，「道」、「文」、「聖」三者關係的設定，一方面爲了將「文」與「人」（心）的價值及其關係的必然性，推到本體論的高度。另一方面，爲了闡明人心的美感活動（審美、創美活動）與由此產生的文學作品（文），與廣義的「文」——自然宇宙，歷史文化的整體結構有了密不可分的關係。由此明示文藝產生的基本原則及其功能價值。又將〈正緯〉、〈辨騷〉列爲「文之樞紐」，以强調它們的藝術語言方面的成就，闡明文藝發展、變化的規律——通古求今之變，同時提出文藝創變的關鍵在於語言文字的藝術的運用——「雕縟」過程（序志）。

第二節　從文章雕縟成體的觀念闡明文藝的基本美學範疇
——「情」「采」及其運用規範

從整個文化脈絡上確立文藝產生及其創變的基本理論之後，可以著手來討論文藝本身的問題。在「樞紐論」，從「道」這個本體出發論證「文」的存在根據，在〈情采〉則是從文藝的審美形式（采）出發來，探討文藝的美學特性及其審美規範。〈情采〉一開頭便說：

> 聖賢書辭，總稱文章，非采而何！

這是劉勰很注意文藝的語言文辭之美的證據。劉勰很少單言「美」，而以「文」爲「美」，他十分重視美訴諸於人的感觀的鮮明性、生動性。〈原道〉中對「文」的描繪清楚地說明了這一點。劉勰不但講「文」，而且還很重視「采」這一概念，當然它也是指「美」，並且比「文」這一概念更加突出了美訴諸感官的特性。劉勰很少用「美」這個詞，而用「文」「采」來代替它，恰好說明劉勰對美所具有的感性特徵的高度重視（註四）。所以，〈宗經〉說：「五經之含文也」。這是從講究文藝語言美，這一點來說的。就「文章」的意義而言：《論語．公冶長》：

> 子貢曰：夫子之文章，可得而聞也。

何晏集解：

章，明也；文，彩。形質著見，可以耳目循。

《周禮．考工記》：

畫繢之事，……青與赤謂之文，赤與白謂之章。

范文瀾先生《文心雕龍註．情采篇》：

《禮記．樂記》：「文采節奏，聲之飾也。」文采文章，皆修飾章明義。

黃春貴先生《文心雕龍之創作論》：

文章二字之意義，在《說文解字》曰：『文，錯畫也；章，樂竟也。』聯結成詞，本泛指一切形色錯雜，聲韻諧和，具有文采之藝術事物而言，而古聖先賢既以之為著述言論之代名，遂指作品之辭采而言。

以上述的引文可以知道「文章」具有訴諸耳目感官的美麗的文采。在此所以提出「采」的觀念，正是為表明文章以「雕縟成體」（序志）——文學在形式上和審美上的特質。不論從〈情采〉或《文心雕龍》全書來看，劉勰都是十分重視和欣賞華美、豔麗的文采。他提出「采」的概念並加以強調，原因正在於此。文學是以語言文字的運用而創造美的藝術，所以其藝術成品本身具有鮮明、生動、美麗的語言文字藝術形象——「文章」。但其藝術形象不只意味著審美形式上的特質——「采」，也含有其藝術形象所呈現的審美內容——「情」。對〈情采〉紀昀評曰：「因情敷采，故曰情采」（註五）

。劉勰以文學爲「情采」，即是以文學爲情感在一種美的語言形式中的表現。〈情采〉篇是從文藝美學規律的高度，探討文學中「情」和「采」的關係，帶有普遍意義。劉勰論文，重「情」，亦重「采」。「情」是「采」的內質，「采」是「情」的表現，情采相爲表裡，結合爲一個文藝審美整體。在「情」爲本質的前提下，「采」具有了相對獨立的審美價值，成爲文藝美學特性的一個重要內容。〈情采〉篇確實是《文心雕龍》一書中專門討論文學藝術語言問題的篇章，即從文學是語言藝術的根本立場，討論文藝的美學特質，故在全書中占有重要的地位。

劉勰首先依據所有事物的一般性，討論文質問題：

> 夫水性虛而淪漪結，木體實而花萼振，文附質也。虎豹無文，則鞹同犬羊；犀兕有皮，而色資丹漆，質待文也。若乃綜述性靈，敷寫器象，鏤心鳥跡之中，織辭魚網之上，其爲彪炳，縟采名矣。

先肯定一般自然事物都是有質有文的，然後才推及於文學，認爲連自然事物都是有質有文的，那麼人所創造的文學更應當有質有文。這是劉勰在〈原道〉中的觀念的再發揮，表明劉勰是從「自然之道」來講文質統一的。劉勰把事物內在的實質和外在的形式美的統一，也就是把「文附質」、「質待文」看作是根源於自然的一個普遍的，客觀的規律。實際也就是認爲「文」的美是一切達於完美的自然事物所必須具有的，文質統一是自然在其發展所要達到的理想狀態（註六）。雖然如此，但相對來說，劉勰所强調的是「文」的問題。所有「文附質」固然是說「文」依附於「質」，强調了「質」的根本性；但以「水性虛而淪漪結，本體實而花萼振」來看，所注意、欣賞的卻是由「質」所生的「文」的美。「質」的重要性是在於沒有它就無「文」的美。至於「質待文」的說法，更爲明顯强調了「質」必須有「文」。此外，在講到人所創造的文章時，劉勰又認爲它較之於自然事物更應當是具「文」的——並且應當有一種「彪炳」（文采煥發）的「縟采」（豐富多采），也就是有一種鮮明、豐富、華麗的語言文字的美。這是形成文學藝術美感的重要條件。劉勰不但强調在文藝創作上，講究文采的必要性，而進一步論述創造文采的用心過程。將「文采」看作作者「爲文之用心」（序志）的產物。即作者爲了「綜述性靈」——抒情、「敷寫器象」——狀物，經過「鏤心」——刻畫心思（深刻細緻地構思）、「織辭」——編組文辭（語言文字的適當的安排）的過程，才創造出來語言藝術美——文采。辨明這一點，才有條件去進一步研究文學的藝術語言——文采。形成文采的方法，從對「文」的三種形態的分析而論：

故立文之道，其理有三：一曰形文，五色是也；二曰聲文，五音是也；三曰情文，五性是也。五色雜而成黼黻，五音比而成韶夏，五性發而爲辭章，神理之數也。

這就是〈原道〉中認爲「文」起源於「自然之道」的說法的進一步的具體化，其標舉「形文」、「聲文」、「情文」三種，而歸結于「神理之數」（自然之道）。這是劉勰就「采」（美）的系統性所作的概括說明。「形文」、「聲文」、「情文」是自然之「采」——自然而然形成的美。「黼黻」、「韶夏」、「辭章」則爲藝術之「采」——人所創造的美（註七）。

「一曰形文，五色是也」。五色指青黃赤白黑，即客觀自然的各種「物色」，就其「形立則文生」而言，形文指的是「旁及萬品，動植皆文：龍鳳以藻繪呈瑞，虎豹以炳蔚凝姿；雲霞雕色，有踰畫工之妙；草木賁華，無待錦匠之奇：夫豈外飾，蓋自然耳。」（原道）即訴諸視覺的自然之美。「二曰聲文，五音是也」。五音指宮商角徵羽，指客觀自然的各種音響。「聲文」就其「聲發則章成」而言，指的是「林籟結響，調如竽瑟；泉石激韻，和若球鍠。」即訴諸聽覺的自然之美。「三曰情文，五性是也」。五性指的是仁義禮智信。「情文」就其「人稟七情，應物斯感，感物吟志，莫非自然」（明詩）而言，指的是人的思想感情即人心——心靈美的自然眞實的表現。

「五色雜而成黼黻」、「黼黻」是黑白、黑青間的花紋，指古代服飾圖案，是「五色雜」藝術創造的結果，它不同于自然形態的「形文」，可以說屬於繪畫工藝美術。

「五聲比而成韶夏」，「韶夏」成爲古代樂曲，也是「五音比」即藝術創造的結果。它不同於自然形態的「聲文」，可以說屬於音樂藝術。

「五情發而爲辭章」。「辭章」就是藝術心靈孕育而成的文學，可以說屬於語言藝術。

總之，「釆」（美）有「形文」、「聲文」、「情文」三個層面。又有自然之美與藝術之美的兩個級次，作爲「釆」（美）的整體觀念來說，它們又是統一的，有著共同的特點，它們是物或人心自身的自然——自然而然的表現。「釆」（美）的個體性及其自然性便是「釆」的特點，也可以說是文釆（美）系統的審美特徵。

以上對「文」的三種形態的分析，既是從客觀美的形態來看的（自然之美），同時又考慮到了與之相對應的藝術美。依《文心雕龍》全書的內容，可以知道劉勰除了文藝之外，對其他藝術——繪畫、音樂等方面也有相當的見識。但是劉勰透過《文心雕龍》所說的重點在於文學——「情文」的問題。故對「文」的三種形態，依《文心雕龍》全書的內容，從另一個角度分析的話，「形文」、「聲文」、「情文」，可解釋成爲中國文字固有的美感屬性及其表意特性——形、音、義。因爲劉勰在〈練字〉、〈聲律〉等篇具體地分析語言文字的形象之美，聲韻音律之美。而且這些具有形象美和聲律美的語言文字本身各各象徵某種意義。因爲文字本身就是人心的創造物，故各各文字都表明人的心聲。因此，語言文字的形象，聲律之美，以構成文學藝術美感的要素，參與抒情、狀物的文學創作，形成「情文」。故「五性發而爲」的「辭章」——「情文」可以說把語言文字的「形」、「聲」、「義」，以「情」來統一而呈現的，具備藝術美的文學。

劉勰認爲「情」的表現必須有美麗的「采」。這樣，文學作爲「五性發而爲辭章」的「情文」，便以「情性」的自然流露與表現爲特質，以「情」爲審美內容，以「采」爲審美形式。這就是劉勰對文學特質的理解。

「五性發而爲辭章」，這是「心生而言立，言立而文明」的「自然之道」。故說：

> 孝經垂典，喪言不文，故知君子常言未嘗質也。老子疾僞，故稱：「美言不信」，而五千精妙，則非棄美矣。莊周云：「辯雕萬物」，謂藻飾也。韓非云：「豔乎辯說」，謂綺麗也。綺

麗以豔說，藻飾以辯雕，文辭之變，於斯極矣。研味孝老，則知文質附乎性情；詳覽莊、韓，則見華實過乎淫侈。

用綺麗的詞句來美化說辭，用藻飾來辯雕萬物，這就是抒情、狀物（文學創作）時，自然而然用上美麗的「采」的例證。由此可知，劉勰明白地認識在文學藝術活動，由語言文字的藝術的運用而成的文學審美形式（采）的重要性。語言文字是文學表現的媒介，語言文字的修飾程度，就使文學審美形式呈現出或「質」或「文」的美感風貌。文藝作品本身審美形式和內容是「采」和「情」。「質」與「文」是「采」所表現出來的語言文字的不同美感風格。「采」是由「情」而生的，故說：「文質附乎情性」（註八）。

就文章的構成而言，「文」所要表達的「情」只有通過「辭」才能表現——「萬趣會文，不離辭情」（鎔裁）。所以「情」與「辭」，即文章的「經」與「緯」：

夫鉛黛所以飾容，而盼倩生於淑姿；文采所以飾言，而辯麗本於情性。故情者，文之經，辭者，理之緯；經正而後緯成，理定而後辭暢，此立文之本源也。

這一節，可由〈鎔裁〉：「情理設位，文采行乎其中」來證實。而〈定勢〉又說：「情固先辭，勢實須澤」。劉勰對文藝基本美學範疇——情采及其運用規範的把握和重視，由此已可瞭然。劉勰，基於情采的基本運用規範，再進一步，更具體地提出，「情」「采」的審美規範。就情感的審美規範而論，他主張「為情而造文」：

昔詩人什篇，爲情而造文；辭人賦頌，爲文而造情。何以明其然？蓋風、雅之興，志思蓄憤，而吟詠情性，以諷其上，此爲情而造文也；諸子之徒，心非鬱陶，苟馳夸飾，鬻聲釣世，此爲文而造情也；故爲情者要約而寫眞，爲文者淫麗而煩濫。

這段話開宗明義即說：「詩人什篇，爲情造文」「辭人賦頌，爲文造情」，其主旨顯然是談「造文」問題，即創作語言文字表現〈馭文采〉的問題。「造文」都是根據「爲情」的需要，而且「爲情者要約而寫眞」，强調情感的眞實性，合于「約」而「眞」的審美規範。依《文心雕龍》，文藝創作是受內心情感所逼而不得不發的活動——「申寫鬱滯」〈養氣〉，作者只有「爲情而造文」，作品才能以情感人。劉勰十分强調表現眞情的作品才能感人。在〈哀弔〉，分析「哀弔」這種古代文體的特點時，也說過：

原夫哀辭大體，情主於痛傷，而辭窮乎愛惜。……隱心而結文則事愜，觀文而屬心則體夸。夸體爲辭，則雖麗不哀；必使情往會悲，文來引泣，乃其貴耳。

在〈辨騷〉中也充分肯定楚辭以情感人的魅力：

其敘情怨，則鬱伊而易感；述離居，則愴怏而難懷。

這些敘述，都是重視以情感人的表現。這樣看來，「爲情而造文」，深刻地概括了作者的眞情與作品的感染力、藝術特色，即創作上成敗得失之間的密切關係。不但如此，「爲情而造文」，對作者本身來說，「盡言，所以散鬱陶」〈書記〉，故作者創作過程中可以得到內心感情的舒解。因此，劉勰處處强調「爲情而造文」，反對「爲文而造情」。〈章表〉也說：

懇惻者辭爲心使，浮侈者情爲文屈。

劉勰提出「文采所以飾言，而辯麗本乎情性」的基本觀點，並根據這一基本觀點，總結出「爲情者要約而寫眞」，「爲文者淫麗而煩濫」的規律，把文之煩約與情之眞僞直接聯系起來。顯然談的還是語言表現問題。「要約」不是說簡約無文采，而是要準確精當，無剩語贅言；「眞」也不是一般所謂現象的事實，藝術作品的「眞」便指它符合現實生活本質規律和人心情理上的可信性。

總之，「爲情而造文」者「情固先辭」，「中寫鬱滯」。所以其作品是「情動而言形」的（體性），是「情動而辭發」的（知音），是「五性發而爲辭章」的（情采），是情感自然訴諸文辭，因此合于「性情之數」（養氣）和「自然之道」，即符合文藝產生的根本規律。也就是說，「爲情而造文」所强調的，正是「情性」自然「發而爲辭章」。正因其「自然」，所以眞實；也正因其眞實，所以自然。所有這一切，都合乎「情文」的表現特質，也合乎文學的「自然之道」。正是通過「爲情而造文」這個命題，劉勰把藝術眞實、作品的成敗、作者創作的態度、作者讀者的審美感受等一系列文學藝術活動中的重大美學問題，都有機地統一起來了。

再就文采的審美規範而言，劉勰判斷文采之美的標準，就是「適度」。文采的作用在於傳情、修辭。施采得當，「情信而辭巧」（徵聖）使人感到美而可信；施采不當，「采濫辭詭，則心理愈翳」，反而掩蓋了眞情。劉勰一直警戒「弄文而失質」（頌讚）的作風，〈議對〉說：

若不達政體，而舞筆弄文，支離構辭，穿鑿會巧，空騁其華，固爲事實所賓，設得其理，亦爲遊辭所埋矣。昔秦女嫁晉，從文衣之媵，晉人貴媵而賤女；楚珠鬻鄭，爲薰桂之櫝，鄭人買櫝而還珠。若文浮於理，末勝其本，則秦女楚珠，復存於茲矣。

〈程器〉說：

近代詞人，務華棄實。

故「體情之製日，逐文之篇愈盛。」（情采）

「文章述志爲本」（情采），故「聯辭結采」應該如下：

夫能設模以位理，擬地以置心，心定而後結音，理正而後摛藻，使文不滅質，博不溺心，正采耀乎朱藍，間色屏於紅紫，乃可謂雕琢其章，彬彬君子矣。

這就是「雕琢其章」——馭文采的正確的方法。而且由此才能達成文質、情采兼備的藝術成果——「彬彬君子」。

文采能使文章生色，也會使文章減色。劉勰並不反對華麗的文采，只是「惡文太章」（情采），即反對「使文滅質」的過分修飾。

從以上的情采的審美規範而言，敷情設采一定要注意「情周而不繁，辭運而不濫」（鎔裁）。而且文采的運用屬於「爲情造文」的文藝創作的自然之道，故其運用方法亦乎自然之勢——「因利騁節」，才能「情采自凝」（定勢）。這樣才能構成「麗詞雅義，符采相勝」——「文雖新而有質」（詮賦）的作品理想的審美風格。

從讀者欣賞立場而言，「繁采寡情，味之必厭」（情采）。眞情的表現——「文辭盡情」（定勢），文采的適當的運用，由此形成的「情采自凝」的文學作品才能讓人享受無窮的文藝滋味美感。

以上對《文心雕龍》美學理論中，「情」與「采」的各別論述，只是爲了便于闡明它們在《文心雕龍》美學理論中的地位與相互間的關係。實際上，在《文心雕龍》，它們始終是一個不可分割的統一體，即使作爲兩個範疇分別考察時，也總是隨即說明二者之間不可分的相互依存的關係的——〈附會〉說：「必以情志爲神明，事義爲骨鯁，辭采爲肌膚，宮商爲聲氣」，就是這樣的例子。

綜上所述，〈情采〉所論的重點在於「敷采」的問題，即文學藝術語言問題。文學語言的藝術加工，不是片面地在語言文字上的修飾，必須先具有優美情感的實質，即所謂「文采所以飾言，而辨麗本于情性」。要在這樣一個前提下，才能對文學語言進行藝術的構造。「情固先辭」，而且須作到「文辭盡情」，這是劉勰的重要文藝觀念。即眞正的文學藝術語言，是一種滲透了情感的，有生命的語言。只有「辭」或「文」灌注了情感的生命，才能成爲具有美感的藝術語言。故「情」「采」就是構成文藝的基本美學範疇，文藝的美學特質也由「情」「采」來能把握。

在《文心雕龍》的樞紐論，聖人「觀天文」「察人文」，體會「自然之道」，透過「雕琢情性、組織辭令」的過程，創造了文章（經書），以用於「鼓天下」。這就是「原道心以敷章」「研神理而設教」的聖人「用心」所爲。劉勰透過「道」、「聖」、「經」的三者關係，以本體論的高度，肯定人心的美感活動——審美、創美活動，並且由此提出文學藝術產生的基本原理——「心生而言立，言立而文明」——由「心」生「文」。並且由因人而異的語言文字運用，明示文藝創變的規律及其關鍵所在。

在〈情采〉，基於由「心」生「文」的觀念，把握文藝的特質——文學是人創作心靈的運用所產生的語言藝術。由此導出「情」「采」——文藝的基本美學範疇，並且明示在語言文字的藝術化過程，「情」「采」的運用規範。

以《文心雕龍》的樞紐論和〈情采〉爲闡明《文心雕龍》文藝美學理論體綱的主要篇章。其中所論的文藝的基本原理和特質，貫串於《文心雕龍》全書的美學理論體系。

由聖人創典的「用心」過程與在〈情采〉篇論述的構造文采（藝術語言）的「用心」過程，可以導出作者「爲文之用心」——在文學創作，作者美感（藝術心靈）活動的基本模式。

從對經典藝術語言的風格特徵的描述與「情」「采」的審美規範，可以推論作品風格的審美理想。

由經書對人們產生效用的原由——「彪炳辭義」與在〈情采〉篇所言及的欣賞作品時的感受問題——「味」，可以預料讀者欣賞作品的經路，及從此所得到的美的感受內容。

於是，基於《文心雕龍》文藝美學理論的基本體系，可以設定《文心雕龍》全書的美學理論所涉及的範圍——作者、作品，讀者，同時可以明示各範圍探論的基本主題。而且由此可以知道各範圍所論的內容不外是文藝的基本原理和特質的具體闡發。

【附註】

註　一：《易·賁象傳》：「觀乎天文，以察時變；觀乎人文，以化成天下。」《易·繫辭傳》上：「一陰一陽之謂道」，「道」即是變化的常則。易之本體是「太極」。《易·繫辭傳》上曰：「易有太極，是生兩儀」。透過變化形象而見變化本體。故《易·繫辭》上曰：「在天成象，在地成形，變化見矣。」

註　二：《荀子·王制》：「故天地生君子，君子理天地。君子者，天地之參也。」楊倞注：「參，與之相參，共成化育也。摠領也。」《中庸》：「可以贊天地之化育，則可以與天地參矣。」朱注：「贊，猶助也。與天地參，謂與天地並立爲三也。」

註　三：《西方美學導論》，劉昌元著，一八五頁。

註　四：《劉勰》——〈美學思想〉，劉綱紀著，八六頁。

註　五：見于《文心雕龍注釋》，周振甫注，六〇一頁。

註　六：《中國美學史》第二卷（下），劉綱紀，李澤厚主編，八七一—八七二頁。

註　七：〈文采系統漫議〉，熊重生著，《文心雕龍學刊》第五輯，一六二—一六三頁。

註七：同註六：劉綱紀先生說：「『形文』即以繪畫爲主的造型藝術的美，『聲文』即音樂藝術的美，『情文』即文學的美，三者均出於自然。」，八七頁。

註八：在《文心雕龍》「質」是一個雙重概念。首先，它是指審美對象的本質、或內容。〈情采〉——「文附質」，「質待文」，在此所謂「質」亦指事物的本質或內容。在這種意義上，質與文的「形式」意義相對。其次，它是指審美對象的樸素的風格特色。如〈時序〉：「時運交移，質文代變」，〈知音〉：「篇章雜沓，質文交加」，「文質附乎情性」的「質」就指語言文字的質樸的美。在這種意義上，質與文的「華美」意義相對。

第四章　作者的為文之用心㈠——神思論

——審美感知及其藝術化的心靈運作

《文心雕龍》以聖人創典「用心」爲文藝創作心靈的基本模式，透過其「神思」論（其探討的範圍不限於〈神思〉一篇），深一層探討作者的審美感知及其藝術化的心靈運作。

作者對外在環境有了獨特的審美觀照，由此得到創作衝動（創美心靈），進行藝術構思——「雕琢情性」——「鏤心」，其中包括運用語言文字來表現審美意象的過程——「組織辭令」——「織辭」。這就是作者文藝創作心靈活動——「爲文之用心」。

作者憑藉想像進行文藝構思——「文之思也，其神遠矣」（神思）。想像活動就指在知覺材料的基礎上，經過新的配合而創造出新形象的心理過程。故人心對外物的審美感知、語言文字的藝術的運用——進行謀篇布局、塑造藝術形象、修飾文辭等等，皆有賴於藝術想像的運用和發揮。可見藝術想像是創作的心靈運作中一種組織力量，體現在藝術構思中一種主要的思維方式，它貫穿了文藝創作心靈活動全過程的始終。

憑藉想像所進行的「爲文之用心」，便是作者文藝創作的美感心靈活動。

作者心靈(情)感於外物所生的「興會」，便是作者由對外物的審美感知而引起的創作衝動，作者審美感知的心靈，經過藝術想像、藉語言文字，而成爲具體可感的藝術形象(作品)。語言文字有了感興功能——即具備了引起美感的條件，故以語言文字造成的文藝作品，感動讀者之前，在其創造的過程，首先感動作者。作者對自然、人事及對語言文字的「感興」，是一種藝術創造的個人獨自的心靈活動。因此，作者可以由創作獲得創造的快樂滋味。作者在創作過程中，由藝術想象活潑地運轉，意象與語言文字表現切合，這時，作者是創造者，同時是欣賞者，爲自己的創作感到喜樂。如《顏氏家訓．文章》說：「一事愜當，一句清巧，神厲九霄，志凌千載，自吟自賞，不覺更有傍人。」

由此看來，文藝創作的心靈運作，其主觀的接受方面而言，就是作者個人的美感享受；其客觀的生產方面而言，便是具有美感的文藝作品的創造。換言之，文藝創作心靈活動便是作者主觀的美感享受及其客觀的以語言文字構成藝術形象的表現過程。

因作者「爲文之用心」本身便是美感心靈活動，而劉勰所探論的「文心」——「爲文之用心」具有值得探討的美學意義。

本章，首先探論作者對自然、人事的「感興」；次要探討憑藉想像進行的文藝構思；再次論述爲高效文藝創作的美感活動，作者要具備的心態及其修養工夫。

由此解析從《文心雕龍》所見的，在文藝創作中的作者美感心靈活動。

第一節　由耳目對外物的審美感知引起創美心靈

文藝創作的緣由本於「感」「興」。「興」就多由「物」觸動，而在審美主、客體的聯系中互相激發而致：「觸興致情」與「情以物興」、「覩物興情」（詮賦）相通。即審美體驗的發生，必然涉及審美主體和審美客體兩個方面。

審美主體必須具備發生審美體驗的主觀條件：審美能力及審美心境。

就審美能力而言，首先要具備審美感官的感覺力，如視覺、聽覺等——「夫耳目鼻口，生之役也」（養氣）；還要有審美情感——「人稟七情，應物斯感」（明詩）；再要有審美想象力——「詩人感物，聯類不窮」（物色）。依《文心雕龍》來看，這些與藝術活動有關的主要審美能力是人天生具備的本質能力，而且人的審美能力在一定的審美心境之下，更容易激發、更敏銳，具備更大的沈潛性和超越性。

所謂「審美心境」，乃指審美主體對審美客體所產生的審美注意，這是一種「用志不分，乃凝於神」（《莊子·達生》）的「虛靜」所表證出一種聚精會神的心理狀態——所以《文心雕龍》說：「陶鈞文思，貴在虛靜，疏瀹五臟，澡雪精神」「寂然凝慮」（神思）。陸機也描述審美心境爲「其始也，皆收視反聽，耽思傍訊」（〈文賦〉）。這「凝神」，這「凝慮」，這「耽思」，目的在於使審美主體虛心澄懷，擺脫各種日常生活中的雜念，對審美客體作精細入微，獨到殊相的審美觀照，而就在這「虛靜」之時，審美主體適用相應的審美感官如視覺或聽覺去注意特定的審美客體，而對其他對象視而不見，聽而不聞，於是凝慮的瞬間，審美主體對審美客體的外形式（形（色）、聲等）產生了直覺的審美愉悅，勃然而起一種興發感動之情，這種感物起興的興發激蕩，使審美主體迅速地進入一種激情之中，因此可以說，「虛靜」、「凝慮」是審美主體在審美體驗時要準備的心境。

人雖然具備了審美能力及審美心境，但是卻不能離開客觀外物而進行審美活動，審美主體必須是「應物斯感」（明詩）的，是由於外物的作用才引起情感的「興」發的。所謂「外物」就指審美客體。那麼，「外物」如何成爲「審美客體」呢？「外物」具有審美特徵和審美信息，富於美的魅力的美感興發感動力量，從而符合審美主體的審美需要，激發審美主體的審美情感，它才能成爲「審美客體」——審美活動聚精會神的中心，引起審美主體靈感的對象。即外物所以能「動心」「適情」，就在於它訴諸感官的，具體可感的形象特性——「歲有其物，物有其容」（物色）。

那麼，審美主體對審美客體的審美體驗是如何進行的呢？

作者（審美主體）對外物（審美客體）的審美體驗不是被動的而是能動的，即不是單方面地被動地接受外物的刺激，而是觀照外物的同時，主動地借助內心情感，將自己的情志對象化，所以劉勰認爲在審美體驗活動中不但「情以物興」，而且「物以情觀」（詮賦）。也就是說審美體驗是「感應」而不是「反應」。這就叫「情往似贈，興來如答」（物色）。

在此所謂的「物」（審美客體），依《文心雕龍》，主要是針對「春日遲遲，秋風颯颯」的「物色」而言的。在當時，「物色」算是相當具有審美特性的欣賞對象。

就「物色」的意義而言，「物色」這個詞語，在六朝比較通行：如顏延之（三八四—四五六）〈秋胡行〉說：

> 日暮行采歸，物色桑榆時（《先秦漢魏晉南北朝詩：宋詩》卷五）。

任昉（四六〇—五〇八）〈奉和登景陽山〉說：

> 物色感神遊，升高悵有閱。（《梁詩》卷五）

謝朓（四六四—四九九）〈出下館〉說：

> 物色盈懷抱，方駕娛耳目。（《齊詩》卷四）

蕭統《文選》則列「物色」類，收宋玉（約西元前二九〇—約西元前二二三）〈風賦〉、潘岳（二四七—三〇〇）〈秋興賦〉、謝惠連（三九七—四三三）〈雪賦〉、謝莊（四二一—四六六）〈月賦〉。李善（約六三〇—六八九）注說：

> 四時所觀之物色而爲之賦。

又說：

> 有物有文曰色，風雖無正色，然亦有聲。

由此足見「物色」作爲當時的文學術語，指「盈懷抱」「娛耳目」的自然萬物或者外境的聲色狀貌。

劉勰總結了《詩經》以來，特別是屈原和劉勰當時山水詩「物色」描寫的成功經驗，明確地肯定了自然景物之美對於文藝心靈活動的促進作用。故〈物色〉說：

若乃山林皐壤，實文思之奧府，……然屈平所以能洞監風騷之情者，抑亦江山之助乎？

自然環境對於人的思想感情能夠產生巨大影響，這是很早就有的認識。《莊子・知北遊》說：

山林與！皐壤與！使我欣欣然而樂與！

東晉以後六朝文士清楚地認識到自然山水的審美價值。絢麗多姿的大自然能夠誘發和提高文士的審美趣味和審美能力。〈物色〉贊曰：

山沓水匝，樹雜雲合。目既往還，心亦吐納。春日遲遲，秋風颯颯。情往似贈，興來如答。

在此，從景物的審美價值著眼，表述外境可引起創美心靈。

四時物色之變能觸動作者的情懷而產生創作衝動，這是向來文學作者創作活動中的切身體驗。如《楚辭・九章・抽思》：

悲秋風之動容兮。

枚乘〈七發〉：

南望荆山，北望汝海，左江右湖，其樂無有。（《文選》第三十四卷）

魏晉以來，體物緣情的作品日增月多，這就反映當時的文士於自然環境對審美心靈的影響有了更多的認識。如應瑒（？—二一七）〈報趙淑麗詩〉：

嗟我懷矣，感物傷心。（《魏詩》卷三）

阮籍〈詠懷詩八十二首〉第十一：

遠望令人悲，春氣感我心。（《魏詩》卷十）

陸雲〈贈鄭曼季詩四首・谷風〉：

感物興想，念我懷人。（《晉詩》卷六）

陶潛（三六五—四二七）〈時運詩〉：

偶景獨遊，欣慨交心。（《晉詩》卷十六）

要了解「爲文之用心」的陸機自然注意到感物緣情：〈文賦〉說：

遵四時以嘆逝，瞻萬物而思紛，悲落葉於勁秋，喜柔條於芳春。

鍾嶸《詩品・序》亦言：

氣之動物，物之感人，故搖蕩性情，形諸舞詠。

劉勰《文心雕龍》中以「物色」爲篇名，其篇中專論作者對自然環境及其變化的審美感受問題，〈物色〉說：

春秋代序，陰陽慘舒，物色之動，心亦搖焉。蓋陽氣萌而玄駒步，陰律凝而丹鳥羞，微蟲猶或入感，四時之動物深矣。若夫珪璋挺其惠心，英華秀其清氣，物色相召，人誰獲安？……一葉且或迎意，蟲聲有足引心。況清風與明月同夜，白日與春林共朝哉！

人心對外物的感應的實質，是「氣」（自然生命活力）的感應（註一）。「春秋代序，陰陽慘舒」就是自然生命活力「氣」的運轉。

其實，不管天地自然、動植物、人類，反正有生命的，皆具有自然生命活力——「氣」。依〈原道〉，天地萬物——天文、地文、動植之文、人文皆是由「道」而生的。「道」便指「一陰一陽」的變化常則（見於第三章）。故自然生命活動的運轉發生在由「道」而生的整個宇宙萬物。連微小的蟲子——「無識之物」也感受到四季氣候的變化。至於人，人是「有心之器」，具備了智慧的心靈及清明的氣質——「惠心」「清氣」，即人本身具備了對自然景色及其變化的銳感——「一葉迎意」「蟲聲引心」。因此，四季與四季種種景物的變化及其形貌所代表的自然生命的活力，更能夠感動了同屬於自然之一的人，使人的生命本質，亦隨之興動。這就是鍾嶸《詩品・序》所說：「氣之動物，物之感人，故搖蕩性情，形諸舞詠。」〈物色〉也說：

是以獻歲發春，悅豫之情暢；滔滔孟夏，鬱陶之心凝；天高氣清，陰沈之志遠；霰雪無垠，矜肅之慮深。

「氣之動物」、「物色之動，心亦搖焉」是宇宙自然生命活動的現象。因爲人與自然生命的節奏都是「氣」的運動。劉勰，在此，再强調人由「應物斯感」而「心生」——「產生創美心靈」是合乎「自然之道」。

就審美主體對具備審美特性的「物色」的審美體驗，其具體的感知過程而言，「物色」能夠引起人的審美感興的，其所具備的基本審美特性，便是「物有其容」——「娛耳目」的聲色狀貌。依〈原道〉及〈情采〉來看，劉勰自然美以訴諸視覺的「形文」及訴諸聽覺的「聲文」來描述。於是，「物色」（自然美）感人之最初，以其「形（色）」、「聲」的審美特性來引心迎意——「一葉（形）且或迎意、蟲聲有足引心」。一葉、蟲聲所引起的「心」「意」的內含當然不只限於其形象、聲音本身的美感，而由此引發的聯想所帶來的心靈美感也包括在其內。但人感物的初步階段還是以耳目感官感覺外物的「形」「聲」才成立的。而且正因爲如此，由耳目對外物的「形文」「聲文」的審美感覺所引起的審美聯想（想像）活動亦與視覺美感——「形」（色）及聽覺美感——「聲」一起進行——「是以詩人感物，聯類不窮。流連萬象之際，沈吟視聽之區」（物色）。因此，作者「流連萬象，沈吟視聽」之時，所獲得的「寫氣圖貌」「屬采附聲」（物色）的文藝表現技巧亦與耳目所把握的「形」「聲」的美感特性有密切的關聯。

由此可以推論，《文心雕龍》雖然沒有關於審美感官的專論篇章，劉勰已經意識到了人對外物的審美感知必須首先通過耳目感官——「物沿耳目」（神思）「目既往還」（物色）「覩物興情」（詮賦），並且察覺到了人的審美感覺中，視覺與聽覺的突出性。

那麼，視、聽感覺成爲主要審美感覺的原因在那兒？李澤厚先生認爲耳目審美感覺（「悅耳悅目」）一般是在生理基礎上但又超出生理的感官愉悅，它主要培育著人的感知。即通過耳目，愉悅走向內在心靈，而引起心靈美感——（「悅心悅意」）（註二）。

西方美學家也早就察覺到視、聽覺所起審美作用的重要性及其與審美感知、認識的關係。如古希臘哲學家柏拉圖（Plato, B.C.427—B.C.347）就認爲視、聽覺產生的快感高於其他感官的快感，並專論視、聽覺的審美快感與美的關係問題（《文藝對話集》）（註三）。歐洲（義大利）中世末期基督教哲學家阿奎納斯（St. Thomas Aquinas,1226-74）認爲與美關係最密切的感官是視覺與聽覺，都是與認識關係最密切的，爲理智效命的感官。（《神學大全》）（註四）。德國哲學家黑格爾(G.W. F. Hegel, 1770-1831) 也把視、聽覺稱之爲「認識性的感覺」，認爲它們容易激起心靈的反映和回響，便於通過藝術進行「心靈化」，因而與審美有密切關係（《美學》）（註五）。

由此可說，耳目感到的美感，已多少涉及情感、想像、理解等認知領域，只是沒有自覺意識到而已。因此，審美感知活動中耳目感官活動是不容忽視的。並且由此可以知道劉勰所設定的美（文——采）的系統及其範疇：「形文」、「聲文」、「情文」就已經具有相當普遍的美學意義。

那麼，由耳目的審美感覺走向內在心靈而引起心靈美感的主要原因在那兒？這是因爲情感的動力便介入其中。人有了「情」才能「感」物——「人稟七情，應物斯感」（明詩）。在審美感知過程中，情感因素常常充當感知和想像的動力。審美情感不但要耳目的美感，也要心靈的美感，即要在耳目感官快適的基礎上求得心靈的滿足。「情」可說是審美感知過程中最活躍的因素，它廣泛地滲入其他心理因素之中，使整個審美過程浸染著情感色彩；它又是觸發其它心理因素的誘因，能推動它們的發展，起著動力的作用。於是，審美感知由於情感的推動而進入文藝想象領域。

人雖具備了審美的才能，但都必依託外物的感興，才能產生創美心靈，由此進入文藝想象領域。劉勰探討作者對外物的審美感受時，其審美感受的直接對象主要是「物色」。但能引發感興的，實在不止於自然景物的聲、色（形）之美與四季的變化。鍾嶸《詩品・序》敘述引發感興的外緣時，自然變化之外，還以爲「嘉會」、「離情」等人生際遇都可以「感蕩心靈」。

至於劉勰《文心雕龍》，文藝與外界現象的關係問題，具體講來，可以分爲兩個方面：文藝與自然（「物色」）的關係便從作者的「情」對「物」（自然景色及其變化）的感知活動上探論；文藝與人事的關係，就著眼作品的風格及時代文風與「時序」「世情」關係而論。這便可說是在《文心雕龍》見不到，作者對人事感興的專論之原因。

劉勰探論作者審美感知活動時，沒有鍾嶸那樣直接明白地說出作者對人事感興的具體過程及其內容，但劉勰也認識到除了自然現象之外，對人事種種——對政治社會現實的不滿、不得志、死別等等所引起的哀傷，都能引發創作衝動，並且以此構成文學的感情。如〈明詩〉說：

> 太康敗德，五子咸諷。

又說：

> 逮楚國諷怨，則離騷爲刺。

〈哀弔〉說：

> 暨漢武封禪，而霍嬗暴亡，帝傷而作詩。

又說：

自賈誼浮湘，發憤弔屈。

〈史傳〉說：

昔者夫子閔王道之缺，傷斯文之墜，靜居以歎鳳，臨衢而泣麟，於是就太師以正雅頌，因魯史以修春秋。

〈才略〉說：

故通雅好辭說，而坎壈盛世，顯志自序，亦蚌病成珠矣。

這些都是由人事的種種際遇所引起創作衝動，從此作文的例子。

依《文心雕龍》，爲了文藝創作，作者首先「感」「物」而「興」「情」。就其「感」而言，審美主體（作者）具備了審美能力及審美心境時，從耳目感官的感覺進入心靈美感。就其「物」而言，依《文心雕龍》，審美客體的「物」主要指具有審美特性的自然景物的聲貌形狀及四季變化——「物色」。就其「興」而言，作者感物而引發的「情」與「物」的初步相契，由此激發起作者創作衝動的一種「起情」狀態。就其「情」而言，就指作者本然之「情」，感物興發之後，所成爲的創美心靈。

由此看來，有審美主體（情）與審美客體（物）的相互作用，才能發生審美經驗，並且其中「情」是關鍵性的因素。

總而言之，作者對外物的審美感知而引起創美心靈，這是作者創作美感心靈活動的第一階段，而且必須經過這一階段才能進入「神思」（創美心靈的想像活動）領域。

第二節　創美心靈活動的想像思維特徵及其中審美主、客體與藝術媒介（語言文字）的關係

創美心靈活動是作者爲了創造藝術形象而進行的思維活動。故其思維過程就具有想象的特性。藝術家（作者）通過審美感官感應外界之物，從而獲得對於外物的印象及由此所產生相應的情理，將這些印象和情理在其藝術化過程中是否造得生動，造得傳神是需要作者豐富的想象力的。即想象力就可說是藝術所以爲藝術的重要特性——創造性之來源。故黑格爾重視藝術家的想象活動而言：「最傑出的藝術本領就是想象」；「眞正的創造就是藝術想象的活動」（註六）。

劉勰採用「神思」命題，闡明創美心靈活動所具有的想象思維特徵。〈神思〉一開始引用《莊子．讓王》篇中的句子而言：

古人云：「形在江海之上，心存魏闕之下」；神思之謂也。

本來這只是一種借喻，所以范文瀾先生《文心雕龍註．神思篇》說：

彥和引之，以示人心之無遠不居，與原文本義無關。

這種形神（心）分離，神往形留的情狀，便說明「神思」的意義。這就可用今日的「想象」一詞來理

解。王元化先生其《文心雕龍創作論》中亦認為：

這是劉勰對想象所作的定義。……藉以規定「神思」具有一種身在此而心在彼，可以由此及彼的聯想功能。從這裡我們可以清楚看出，劉勰所說的「神思」也就是想象。（註七）

但指人心想象活動特性的「神思」這一概念，並不是劉勰所獨創，而是由歷來哲學、藝術領域內所探討、所使用的概念及詞語中發展出來的。

在劉勰之前，古代思想家很早就研討了人心靈（精神）活動的變化莫測、超越時空的性能。如《莊子・刻意》說：

精神四達並流，無所不極，上際於天，下蟠於地……。

《荀子・解蔽》說：

坐於室而見四海，處於今而論久遠。

《淮南子・俶務訓》說：

且夫精神滑淖纖微，倏忽變化，與物推移，雲蒸風行，在所設施。君子有能精搖摩監，砥礪其才，自試神明，覽物之博，通物之壅，觀始卒之端，見無外之境，以逍遙仿佯於塵埃之外，超然獨立，卓然離世。

這段話將精神的變幻莫測的性能寫得一清二楚。精神「滑淖纖微，倏忽變化」，說明它與形體不同，恍惚無形，變化無端；「雲蒸風行，在所設施」、「觀始卒之端，見無外之境」，說明精神所具無限的神妙功力——想象力。

以上的引文內容，主要是針對人精神活動所具有想象特性而言的，它們還沒專門地涉及到藝術現象。

魏晉以來，隨著藝術的自覺，一般作者論藝術構思時，往往會涉及到藝術想象——藝術創作過程中精神的神妙作用——「神思」問題。

就當時造型藝術而言，如嵇康（二二三—二六二）〈琴賦〉說：

> 班倕騁神。（《文選》第十八卷）

說明工人制造樂器，馳騁神思。

曹植〈寶刀賦〉說：

> 然後礪以五方之石，鑒以中黃之壤；規圓景以定環，攄神思而造象。垂華紛之葳蕤，流翠采之滉瀁（《曹植集校注》卷一）。

「攄神思」其意義就指工匠舒展其藝術想象力。

就書法而言，王羲之「神」與「思」並提，主張寫字時應「凝神靜思」，〈題衛夫人筆陣圖後〉說：

> 夫欲書者，先乾研墨。凝神靜思，預想字形，大小偃仰，平直振動。（《王右軍集》卷二）

就畫論而言，當時在畫論中常應用「神思」標示畫家藝術構思時的想象活動。如王微（四一五—

四四三）《敘畫》說：

望秋雲神飛揚，臨春風思浩蕩。（《中國畫論類編》第五篇）

宗炳（三七五—四四三）《畫山水序》論「神思」尤爲詳盡，他說：

夫以應目會心爲理者，類之成巧，則目亦同應，心亦俱會。應會感神，神超理得。雖復虛求幽巖，何以加焉？又神本亡端，棲形感類。理入影迹，誠能妙寫，亦誠盡矣。於是閒居理氣，拂觴鳴琴，披圖幽對，坐究四荒，不違天勵之藂，獨應無人之野。峰岫嶢嶷，雲林森渺。聖賢映於絕代，萬趣融其神思。余復何爲哉？暢神而已，神之所暢，孰有先焉！（同上）

宗炳强調想象活動中審美主體的主導作用，指出外物接於主體的感官——「應目」，而感會於心——「會心」，由此產生相應的情理。並且還說明主體的審美心境——「虛求」，「虛求」表示是心無雜念地求。他認爲在以下的前提下，便可以展開「萬趣融其神思」的藝術想象活動。

就文學而言，陸機〈文賦〉中描會了文藝想象活動的情況：

其始也，皆收視反聽，耽思傍訊，精騖八極，心遊萬仞。

孫綽〈遊天台山賦〉說：

余所以馳神運思，晝詠宵興，俛仰之間，若已再升者也。（《文選》第十一卷）

在此雖沒有直接用「神思」一詞，但「馳神運思」便是將「神」「思」並舉，從「神」的飛馳和「思」的運用中把握其作賦過程中的想象特徵。

蕭子顯《南齊書・文學傳論》說：

> 屬文之道，事出神思，感召無象，變化不窮。

他將文藝創作的心靈活動明確地歸結爲「神思」。

以上六朝各家所持的論點，都說明了藝術想象力在藝術構思中的神妙作用。

由此可以推論，劉勰承襲前人所論人精神活動的想象特性及當時一般藝術理論所顯示對藝術想象特性的認識及其中所使用詞語——「神」、「思」、「神思」，採取「神思」這個語詞，用於描述創美心靈活動（文藝構思）的想象特徵。〈神思〉說：

> 文之思也，其神遠矣。故寂然凝慮，思接千載；悄焉動容，視通萬里；吟詠之間，吐納珠玉之聲；眉睫之前，卷舒風雲之色；其思理之致乎。

黃侃先生《文心雕龍札記・神思篇》解釋爲文之神思活動——「文之思，其神遠矣」而言：

> 此言思心之用，不限於身觀。或感物而造端，或憑心而構象。無有幽深遠近，皆思理之所行也。尋心智之象，約有二耑。一則緣此知彼，有斟量之能；一則即異求同，有綜合之用。由此二方，以馭萬理。學術之原，悉從此出；文章之富，亦職茲之由矣。

這就說明了神思（想象）活動的特性及其所由。就神思活動的「不限於身觀」的特性來看，「千載」就時間而言；「萬理」就空間而言，即神思活動不受的時空的限制。而且其中感受的「視」、「聽」美感亦不限於耳目視聽的實際經驗。「吟詠之間，吐納珠玉之聲」，是就聽覺美感而言；「眉睫之前，卷舒風雲之色」，是就視覺美感而論。在此的「視」「聽」美感不是耳目對外在聲色的實際感覺，而是想象中的「聽」和「視」。陸機〈文賦〉對文藝想象中的「視」、「聽」美感，也作了生動的描述：「文徽徽以溢目，音泠泠而盈耳」。在〈聲律〉，劉勰把神思中對萌生於作者之心的對「聲」的感覺叫做「內聽」，以區別於人的耳朵對於外界聲音的實際感覺——「外聽」。依據對「聲」感覺之「內」「外」區分之理，在神思中對於「色」（形象）的感覺，也可以叫做「內視」（註八）。由此看來不論「內聽」「內視」，都不是人形器的視、聽，而是人想象中感受的視、聽美感。這種自由伸展的想象活動的所由便是「感物」及由此引起的多種聯想。〈物色〉就神思的所由而言：

詩人感物，聯類不窮。流連萬象之際，沈吟視聽之區……。

神思活動是由以情感物所引起的聯想，故藝術想象活動是與強烈的情感活動相伴隨而進行的，劉勰〈神思〉剖析想象過程時就說：

登山則情滿於山，觀海則意溢於海。

作者由「登山」「觀海」——「睹物興情」（詮賦）進入神思活動，同時又以情觀物，使山海充滿作者的感情。所謂「情滿」、「意溢」就是「物以情觀」（詮賦）的結果。而且「物以情觀」——以情觀物本身可說是一種聯想工夫——即感物而引起的某種情緒在人心廣闊的想象空間聯結下去，使當初起情的「物」帶著作者濃厚的感情色彩。「神用象通，情變所孕」（神思）就顯示神思活動中作者情感對外物的能動作用。即由神思活動所孕育的外物的形象，在情感的作用下發生變化，外物的形象與作者的情感相交融成爲充滿著作者情感的形象。看來，這便是作者藝術構思之所以各有其特色的一個重要原因。並且又是藝術創作活動所爲人心美感活動的原因，因爲美感活動本身就屬於情感活動。由此看來，神思活動的所由——「感物」及「聯想」皆與情感活動有密切的關係。

「感物」及「聯想」雖可說「神思」的所由，但「感物」「聯想」、「神思」並不是隨著時間的程序，各各參與藝術構思，而是三者一連串著，在密切的關聯之下進行藝術構思。

以上是從其特性和所由論述神思活動的。

神思活動便是藝術構思的想象活動，故其最終目的在於創造藝術形象。廣泛的聯想與馳騁的想象將透過耳目感官直接感受到的物象之形、聲之美，與心目中已有的情感、知覺材料聯系起來，常常造成神（心）物交融的境界，藝術形象就在這種境界中借助藝術媒介而孕育出來。劉勰將文藝構思過程中的藝術形象，稱爲「意象」——「窺意象而運斤」（神思）。「意象」可說是外物之象和引起作者感召而又萌發著主觀感情色彩的密合無間的形象。就創造「意象」的具體過程而言，〈神思〉說：

故思理爲妙，神與物遊。神居胸臆，而志氣統其關鍵；物沿耳目，而辭令管其樞機，樞機方通，則物無隱貌；關鍵將塞，則神有遯心。

「思理爲妙，神與物遊」，實際上牽涉到作者審美活動中的主、客體關係。也就是說，神思活動中所創造的審美意象不是審美客體——物象本身，也不只是審美主體的情感之反映而已。審美意象是來源於客觀實際的「物」。而神思的「思理爲妙」，其妙在能夠把實際的「物」轉化爲審美主體心目中的審美意象，從而使審美主體與審美客體溝通起來——「內心與外境相接」（黃侃《文心雕龍札記·神思篇》）。所以在「思理爲妙，神與物遊」之後，劉勰緊接著說：「神居胸臆，而志氣統其關鍵；物沿耳目，而辭令管其樞機」。很顯然，所謂「神與物遊」就是居於「胸臆」的、審美主體的「神」與必須靠耳目感覺的、審美客體「物」發生審美關係，從而創造審美意象的過程。並且由此可以看出爲創造藝術形象所展示的想象活動，決定於兩個相互聯系的重要方面。一個是和作者「神」（心靈活動）本質特性相聯的「志氣」；另一個是和耳目感官對「物」的感知相聯的「辭令」。

就指導作者藝術想象活動的「志氣」而言，「志」可說是作者的思想意識；「氣」便可說是作者的生命活力。「志」是要通過作者個個不同的「氣」才能表現出來。作者各個不同的「氣」便是個性的氣，其外現活力是才氣的氣，故在此所謂的「氣」，其中也包含「才」之意。「志」可指作者思想意識的活動，其活動與作者天賦的才氣不能分離，於是，「志」「氣」從根本上決定著作者透過藝術想象所創造的藝術形象的不同面貌。因此，〈體性〉說：「氣以實志，志以定言」。這是對於「志氣」的一種符合藝術特徵——獨創性——的深刻理解。「神」是作者藝術心靈活動的核心，是創造藝術形象的根源，但其活動必須藉作者思想意識及才氣活動而完成，所以「志氣」統「神」之關鍵。

作者的「志氣」雖指導神思活動，但其創造藝術形象的活動便具有難於言說的自發性、機遇性。這就是神思的通塞問題——「關鍵將塞，神有遯心」。神思的通塞由「志氣」的通塞來決定，故神思的自發性也涉及到與作者「才」密不可分的神思之遲速問題——「人之稟才，遲速異分」（〈神思〉）。

〈養氣〉說：

思有利鈍，時有通塞。

神思的通塞遲速涉及今日文論中的靈感問題。所謂「靈感」其意便指藝術構思當中突然產生的富有創造性的思路。但靈感不是藝術創作想象活動本身。由靈感所觸發的思路，將要發展到創作，一定要經過藝術想象（藝術構思）活動的過程——神思活動。故靈感與神思不能等同。靈感可說是藝術構思當中偶爾出現，使神思活動順暢的，藝術思維中的特殊現象。陸機在〈文賦〉敘述藝術構思中靈感出沒的情況：

若夫應感之會，通塞之紀，來不可遏，去不可止。藏若景滅，行猶響起。方天機之駿利，夫何紛而不理。思風發於胸臆，言泉流於脣齒。紛葳蕤以馺遝，唯毫素之所擬，文徽徽以溢目，音泠泠而盈耳。及其六情底滯，志往神留，兀若品木，豁若涸流，……。

陸機「應感之會」作了比較準確的形象的描述，卻感慨：「吾未識夫開塞之所由也」。陸機著重於靈感出沒的現象的表達而論靈感問題。劉勰雖沒有將靈感現象集中於統一的概念下進行討論，但劉勰不但研究靈感的內在規律，並且探討與靈感的觸發有關的輔助條件。

〈物色〉說：

物有恆姿，而思無定檢。或率爾造極，或精思愈。

這便說明來去自如的靈感的內在規律，由靈感的觸發，神思「關鍵」將通，可「率爾造極」，得不到靈感，就找不到創造性的思路，神思「關鍵」將塞，雖「精思」「愈疏」。在此「造極」「愈疏」皆針對「神與物遊」的創造藝術形象的心路歷程之通塞而言——即可說是關於神思過程中「意能稱物，文能逮意」與否的問題。

受靈感的來去的影響而造成的神思的遲速通塞，與作者「才」「氣」「學」「習」有密切的關聯。靈感雖然具有來去自如的機偶性，但它決不是憑空而來的，而是基於長期的藝術修養及天賦的才氣之力量，藝術構思中才能出現的。故「才」「氣」「學」「習」可說是與靈感的出沒相聯的，預備靈感來臨的輔助條件。

再就神思的遲速而言，〈附會〉說：

才分不同，思緒各異。

〈體性〉說：

若夫八體屢遷，功以學成，才力居中，肇自血氣；氣以實志，志以定言，吐納英華，莫非情性。……豈非自然之恆資，才氣之大略哉！

實志定言的「氣」，就指「情性」，但這「情性」表現爲文章，便由「才力」。才力就是才氣，才氣是作者的生命活力，也是決定藝術個性的根本因素。從神思活動而言，才力不同，神思就有遲速之區別。〈神思〉說：

若夫駿發之士，心總要術，敏在慮前，應機立斷；覃思之人，情饒歧路，鑒在疑後，研慮方定。機敏故造次而成才，慮疑故愈久而致績。難易雖殊，並資博練。若學淺而空遲，才疏而徒速，以斯成器，未之前聞。

由此看來，神思如果基於「博練」而進行，不管其遲速，都可以「成器」。但其中「駿發之士」對靈感的來去更敏感——「機敏」，思路開得很快，所以能「應機立斷」「造次而成功」。「機敏」可說是天賦的才力。「覃思之人」經過長時間的懷疑考慮之後才能下筆，故其思路走得很慢——「愈久而致績」。「慮疑」，故多賴於學識而造才。由此看來，神思的遲速就可說由對靈感來去的敏感遲鈍而決定。

神思活動中靈感的出沒並不是以作者的主觀意志爲轉移，所以劉勰强調靈感是「非研慮所求」的〈隱秀〉。這樣看來，來去自如的靈感特性本身就是一種人心活動的自然現象。〈養氣〉說：

率志委和，則理融而情暢；鑽礪過分，則神疲而氣衰：此性情之數也。

王元化先生《文心雕龍創作論》中對「率志委和」而言：

「率志委和」一語是指文學創作過程中的一種從容不迫，直接抒寫的自然態度。……「率志委和」就是循心之所至，任氣之和暢的意思。（註九）

即「循心之所致，任氣之和暢」便是「志氣」將通，「神」無遯心，可以展開靈活順暢的神思活動之理想心態。

以上有關「神」與「志氣」的探論，主要針對作者在創造藝術形象的想象活動過程中，所體驗的心靈本身的特性及其作爲。

創造藝術形象的想象活動本身由審美主體（心）與審美客體（物）相關而產生。劉勰明白了這一點，不僅注意造成藝術想象的與「志氣」相關的作者心靈本然特性及其作爲，也注意到作者耳目對外物的感知及與其相關的「辭令」問題。

作者透過「神與物遊」的神思活動所得到的是一個審美意象。這審美意象的產生不能脫離作者耳目對外物的感知。同時這個審美意象要用語言文字表現出來，才能稱爲藝術作品（具體可感的藝術形象）。因此，在作者對外物的感知中，物象與語言文字密切聯係在一起的。耳目感知的一切物象，都只能憑藉語言文字（藝術媒介）才能成爲藝術形象。因而能不能把由想象而產生的藝術形象完美地表現出來，成爲具體可感的藝術形象，語言文字——「辭令」確實是「樞機」。

神思活動中創造審美意象及其具體表現，兩者雖有區別，但又是密切地關係在一起的。因爲作者決不是先創造審美意象之後再去考慮如何表現的問題，而是創造審美意象的同時即已考慮到如何表現的問題，由此在神思活動中就已構成藝術形象。文學是語言藝術，其藝術媒介就是語言文字，故作者構思文藝，就結合著語言文字去進行其神思活動。其實，任何部門的藝術創作心靈活動都不能脫離其藝術部門所使用特定的藝術媒介。即作者對外物的感知而形成審美意象的過程，也就是描會這審美意象的「辭令」——藝術語言產生的過程。如果恰當的「辭令」（語言文字）在作者心目中不斷產生，那就說明透過對外物的感知而創造藝術形象的過程在神思活動中順暢地進行著，對外物的形貌的感知都相應地化成了藝術語言。這就是「樞機方通，則物無隱貌」之意。

再就形成審美意象的過程而言，作者「神思方運，萬塗競萌」時，將作者心中浮游不定的、不可見、不可聽的意念變成了可見、可聽的，合乎形式法則的美的形象——「規矩虛位，刻鏤無形」（神思）。這就相當於陸機〈文賦〉中所說「課虛無以責有，叩寂寞而求音」。

審美意象本身是由作者主觀的「心」與客觀的「物」相聯所產生，並且創造審美意象的同時，藝術語言也隨著產生。故神思活動中藝術語言的產生過程——「寫氣圖貌」「屬采附聲」（物色），也就與「心」「物」聯系——「隨物以宛轉」「與心而徘徊」（物色）。

正因爲如此，作者藝術想象活動中就「萌芽比興」（神思）。「比」「興」看來是個語言文字表現問題，實際上它們含著藝術想象活動的本質特性。〈比興〉贊說：

詩人比興，觸物圓覽。……擬容取心，斷辭必敢。

「擬容取心」即通過對物象的描繪來表現事物的情理，是比興本質特徵，而透過描狀物象所表現的事物的情理，雖包含事物本身具有的客觀特性，但在文學藝術中，它是從作者借物「附意」「擬義」的主觀情意而體現的。張少康先生明白說到：

「擬容」是對物象的描會，而對物象的描會並不只限於它的外表形態，也包括它的內在精神。而「取心」則主要是取作者寓於所擬之「容」中的「心」。當然，作者之「心」是借物象之含義而體現出來的，物象中所包含的現實意義雖有它的客觀性，但在文學藝術中，它是作爲

作者意圖的體現者而出現的。（註十）

如此看來，「擬容取心」就顯示審美主體——情意與審美客體——物象融合而塑造藝術形象的特徵。（註十一）

就比興的表現特徵而言，「比」是「切類以指事」——「寫物以附意，颺言以切事」的方法；「興」是「依微以擬議」——「託諭，婉而成章」的方法（比興）。依在〈比興〉中對〈比興〉特徵的論述，「比興」的語言表現方法是建立在「想象」（聯想）基礎上的。離開了「想象」，「比興」也就無從表現。故「比興」與文藝想象活動——神思活動，從其思維本質上看是一致的。因此，「比興」便可說是文藝想象活動中構成藝術形象的基本藝術思維模式。

神思活動——文藝想象活動就是伴隨著語言文字進行。作者考慮語言表現問題時，作者內心中先「立言」才能「文明」。故藝術想象活動中自然而然「刻鏤聲律」（神思）——「聲萌我心」（聲律）。

劉勰將作者藝術構思中的藝術形象稱爲「意象」，把它用文字凝定下來，就成爲作品的具體可感的藝術形象。其具體表現過程便是〈神思〉所說：「尋聲律而定墨」「窺意象而運斤」。作者心目中的藝術語言向外在藝術語言調整和轉換也是創美心靈活動——「爲文之用心」的任務之一。其「定墨」「運斤」的調整和轉換過程便是語言文字的藝術的運用——「雕縟」過程。

由此看來，作者藝術成就的成敗完全決定於作者神思——藝術構思的完整及其進行的順利。故〈

神思〉贊就說：「結慮司契，垂帷制勝」。

那麼，如何才能藝術構思完整及其進行的順利呢？這就涉及劉勰所謂「陶鈞文思」的作者修養工夫。

第三節　作者高效審美、創美活動的心靈狀態及其修養工夫

劉勰在〈神思〉，論作者審美，創美心靈活動所具備的心態及其修養工夫如此：

是以陶鈞文思，貴在虛靜，疏瀹五藏，澡雪精神；積學以儲寶，酌理以富才，研閱以窮照，馴致以繹辭。然後使玄解之宰，尋聲律而定墨；獨照之匠，窺意象而運斤；此蓋馭文之首術，謀篇之大端。

在本章第一節已經敘述過「虛靜」是一種審美心態——即爲審美感知時審美主體要具備的心境。由審美感知所引起的藝術想象本身亦是一種爲創造藝術形象的美感心靈活動，故「虛靜」的心態可說是作者從對外物的審美感知到藝術想象的創美活動，這全過程中一直要保持的心靈狀態。

「虛靜」說最初見於《老子》，《老子》十六章說：

致虛極，守靜篤；萬物並作，吾以觀復。

在此「虛靜」就指爲觀察，認識客觀世界所進行的，明敏的思維活動之前的心靈狀態。

《莊子・天道》說：

萬物無足以鐃心者，故靜也。水靜則明燭鬚眉，平中準，大匠取法焉。水靜猶明，而況精神！聖人之心靜乎！天地之鑒也，萬物之鏡也。……言以虛靜推於天地，通於萬物，此之謂天樂。

莊子「虛靜」說基於老子「虛靜」，而更具體地闡發其意義。莊子所謂「虛靜」便指「離形去知」（〈大宗師〉）的「心齋」（〈人間世〉）、「坐忘」（〈大宗師〉），達到「心齋」「坐忘」的歷程，主要是通過兩條路。一是消解由生理而來的慾望——「離形」；另一條路是與物相接時，不讓心對物作概念性知識的活動——「去知」，二者同時擺脫，這就是所謂「虛靜」。達到「虛靜」，猶如水靜清明，才能照見一切，即「離形」「去知」才能「虛而待物」，由此可以得到「徇耳目內通」（〈人間世〉）的純知覺活動——「美的觀照」。於是，「虛靜」這「用志不分，乃凝於神」（〈達生〉）的孤立化、專一化的知覺，正是美的觀照得以成立的重要條件（註十二）。

由此看來，老、莊的「虛靜」說可說是劉勰「虛靜」說的先導。劉勰所謂「疏瀹五藏、澡雪精神」，出自《莊子・知北游》：「老聃曰：汝齋戒疏瀹而心，澡雪而精神」。這便是爲「虛靜」所要具備的身心狀態。劉勰〈養氣〉所說「水停以鑒，火靜而朗，無擾文慮，鬱此精爽」，就是從《莊子・天道》申發而强調「虛靜」與明鑒的必然關係。即藝術思維活動處於「虛靜」的精神狀態，作者薪脫主觀的局限，可以得到美感經驗。又不至於爲紛繁的環境左右，能以超然的藝術洞察力明敏而冷靜地處理外來的感受。

不過劉勰的「虛靜」說，不是對老、莊學說的簡單因襲，而是有開創性的。老、莊的「虛靜」是爲正確認識客觀事物所需具備的精神狀態而提出的。劉勰的「虛靜」，不只是爲靜觀審美要具備的心態，而更是爲促成藝術想象要保持的最佳精神狀態。即劉勰的「虛靜」說是建立在創美心靈活動基礎之上。故它的歸宿不僅要解決對外物的審美觀照問題，還必須涉及由審美感知所進行的藝術想象，於是，與藝術媒介的運用問題也密切聯系。劉勰認識到文學是一種積極的創造活動，故其特點在於憑借語言文字和志氣來組成審美意象，熔鑄藝術形象之美。而語言文字是藝術想象的客觀工具；「志」（思想意識）「氣」（生命活力）是以運用語言文字構成藝術想象的主觀條件。故劉勰强調藝術想象有待於作者的才學，「積學」「富才」。但作者才學必須是在「虛靜」的審美態度中發揮出來的。也就是說，作者儘管具備了豐富的生活經驗和學識修養，但在具體的藝術構思階段，必須保持審美心態，這樣才能「觸興致情」，使才學融化在藝術想象活動中。這便是「神與物遊」的「遊」的境界，「遊」是在「虛靜」的心靈狀態之下才達到的理想的審美心靈狀態，因爲這種心靈狀態才能夠發揮審美能力。

由此看來，「虛靜」是爲由藝術構思的關鍵因素——「志氣」「辭令」暢通而無阻礙，藝術構思進行得順利，作者所要保持的心靈狀態。

那麼，爲保持「虛靜」及由此「志氣」「辭令」暢通的具體的修養工夫是什麼呢？依《文心雕龍》，那就是「養氣」與「積學」的修養工夫。

就其「養氣」的工夫而言，由於「志氣」是藝術想象活動的關鍵，但是「紛哉萬象，勞矣千想」（養氣），若才力不足，自然不免神閉氣衰，情理阻塞，若志氣清明，便感應靈速，取捨由心，所以爲藝術想象進行得順利，先須「養氣」。〈養氣〉說：

> 心慮言辭，神之用也。率志委和，則理融而情暢；鑽礪過分，則神疲而氣衰，此性情之數也。

思想活動與語言文字的運用，皆受制於精神，或者說是精神活動的表現。良好的精神狀態是藝術想象活動得以順利進行的條件，這種條件是通過作者的主觀努力——「素氣資養」來形成的。作者的思想活動在於志氣的主宰，而志氣與作者資質及年齡有關，〈養氣〉說：

> 凡童少鑒淺而志盛，長艾識堅而氣衰，志盛者思銳以勝勞，氣衰者慮密以傷神，斯實中人之常資，歲時之大較也。

作者感情及思想活力（志氣）因人及其年齡而有强弱高下之別，這是人心的自然現象，故不要「銷鑠精膽，蹙迫和氣」，以至「驅齡」「伐性」（養氣）。〈養氣〉說：

> 若夫器分有限，智用無涯，或慚鳧企鶴，瀝辭鐫思，於是精氣內銷，有似尾閭之波，神志外傷，同夫牛山之木，怛惕之成疾，亦可推矣。

不顧才力及時機，「神之方昏，再三愈黷」（養氣），並不是藝術構思的良法。藝術構思於精神清明的境界中，才能完成「謀篇」「馭文」〈神思〉的技能，〈養氣〉說：

> 是以吐納文藝，務在節宣，清和其心，調暢其氣，煩而即捨，勿使壅滯，意得則舒懷以命筆，理伏則投筆以卷懷。

養氣的工夫，便在做到心平氣和頭腦清楚，這樣才能培養出不亂的思想；否則，如何苦思，終不能得到靈感，更談不到「謀篇」「馭文」。故在〈神思〉亦說：

> 秉心養術，無務苦慮，含章司契，不必勞情也。

由此可知養氣之必要，便不在於它使人苦慮勞情，而是在清明境界中把握靈感，使藝術想象活動有思路可以遵循。這便可說是與一般思維區別的藝術思維的特徵。劉勰在〈養氣〉就「學業」與「文藝」在思維方式上的差別而言：

> 夫學業在勤，故有錐股自厲；志於文也，則申寫鬱滯，故宜從容率情，優柔適會。

在學業與文藝思維活動的比較，更會明白爲藝術思維所具備的心態。「會文之眞理」在於消除疲勞——「逍遙以針勞，談笑以藥倦」〈養氣〉，便可「從容率情，優柔適會」。所謂「會」，就「思合而自逢」的「才情之嘉會」〈隱秀〉，即靈感到來「萬慮一交」之〈隱秀〉「會」。〈總術〉說：

> 若夫善弈之文，則術有恆數。按部整伍，以待情會，因時順機，動不失正。數逢其極，機入其巧，則義味騰躍而生，辭氣叢雜而至。

作者靈感到來之前，準備有關文藝創造的各種要素——如「積學」、「富才」、「窮照」，於是「靈感」來臨，這就是「情會」，當下把握時機——「因時順機」，順著靈感所用的思路進行藝術想象——「馴致以繹辭」，就不會「慮動難圓」（指瑕），而能「動不失正」。故「志於文」者，要遵循思維活動利鈍通塞的人心的自然規律，才能有效地進行藝術構思。

就「志於文也，則申寫鬱滯」而論，「申寫鬱滯」便顯示在文藝創作情感的審美規範——「爲情而造文」。文章以述志爲本（情采），故應「率情」「率志」，在此所謂的「情」「志」可說是由「感物」所引起，眞正的創作衝動——即不能不說出的心中的「鬱滯」。並且由此可說，作者「爲情造文」，自然「情」「志」就成爲整個想象活動的主宰。故「率情」「率志」便指「適分胸臆」的自然眞實的作者創作態度。

就作者「積學」及由此「富才」的修養工夫而言，「積學以儲寶，酌理以富才」，實際是劉勰在《文心雕龍》一直强調的爲文藝創作，作者要培養的基本要素。〈事類〉說：

> 文章由學，能在天資。才自内發，學以外成，有學飽而才餒，有才富而學貧。學貧者，迍邅於事義；才餒者，劬勞於辭情，此内外之殊分也。是以屬意立文，心與筆謀，……才學褊狹，雖美少功。

由此看來，天才雖重要，但後天的「學」更重要。以積學來培養作者創作才能，文藝創作才能完成。「是以將贍才力，務在博見」（事類）。「博見」可以「積學」，「博見」可以豐富藝術創作的知識和經驗，並且由此可以體會別人創作時的「用心」及其中運用語言文字的方法與藝術技巧，進而從此應用出來自己獨特的藝術表現方法。即「積學」足以助文思，培養才學。

作者「養氣」「積學」的藝術修養工夫與藝術靈感的來去及由此助成的藝術構思的遲速通塞有了關係，故由不同的藝術構思所形成的不同的藝術形象風格，就決定於作者才氣學習，〈體性〉說：

> 夫情動而言形，理發而文見；蓋沿隱以至顯，因內而符外者也。然才有庸儁，氣有剛柔，學有淺深，習有雅鄭；並性情所鑠，陶染所凝，是以筆區雲譎，文苑波詭者矣。故辭理庸儁，莫能翻其才；風趣剛柔，寧或改其氣；事義淺深，未聞乖其學；體式雅鄭，鮮有反其習；各師成心，其異如面。

決定作者不同的藝術形象風格的因素便是先天「性情所鑠」的「才」「氣」；及後天「陶染所凝」的「學」「習」。「才」「氣」影響於「辭理」與「風趣」，這使可說是文章的核心；「學」「習」影響於「事義」與「體式」，這便說明，鎔意鋪辭之方法及立體敷釆之技巧，是由於「學」「習」所培養的功力。文藝構思的最終目的在於創造具有美感的藝術形象，文藝形象以語言文字構成，故作者構造藝術語言的能力——藝術媒介運用的能力，對文藝美學而言，具有相當的重要性。作者運用語言文字而造成藝術形象的具體方法和技巧，多半是由「學」「習」而來的。所以，就文學本身，以藝術媒介（語言文字）的運用完成其美感價值而言，學習的工夫具有不可缺少的重要性。由此看來，「積學」及由此「富才」的修養工夫主要與神思活動中「辭令」的通塞問題有關聯。

由「養氣」及「積學」的修養工夫，便作者能「博而能一」，「助乎心力」，〈神思〉說：

是以臨篇綴慮，必有二患：理鬱者苦貧，辭溺者傷亂；然則博見為饋貧之糧，貫一為拯亂之藥，博而能一，亦有助乎心力矣。

作者學識方面的廣博和由情性的修養來的條理一貫，對藝術構思是有幫助的。

作者透過修養工夫，達到「虛靜」的心理狀態並且從此獲得藝術媒介運用的能力，才能成為「玄解之宰」「獨照之匠」。劉勰借用《莊子》的〈人間世〉與〈天道〉的說法來形容具有高度藝術造詣的作者：作者深通藝術創造的方法和技巧——「玄解」，只能獨自領會，不能說出來——「獨照」。這便說明藝術的創造性特性——即每一件藝術作品皆具有其獨特價值的原由。

總之，作者藝術修養工夫，皆關係著作者內心境界的提高，影響著作者藝術構思，從而關係著作者對藝術形象的創造。從創作的精神準備而言，「養氣」是為達到「虛靜」的心靈本身的修養工夫；作者因「虛靜」而得「神思」，「積學」可說是助於「神思」的修養工夫。

文學是由作者心靈運作所創造。作者在現實生活中獲得感受和體驗，要以藝術形象完美地表現出來，必須最充分地發揮心靈的潛在力量。藝術產生於心靈的最佳運用狀態，神活氣盛，心境從容寧靜，作者才能具有異常敏銳的藝術洞察力和豐富而有創造性的想象，才能得心應手地運用語言文字，去完成藝術形象。

作者（審美主體）由耳目（審美感官）對外物（審美客體）審美感知，興發創美心靈——「感物興情」。而後進入創美心靈活動的想象思維——神思活動，其想象思維將透過耳目直接感受的，具有形、聲之美的物象，與作者心目中已有的情意聯系起來——「神與物遊」，造成審美意象。藝術形象是就在這種神（心）物交融的境界中借助藝術媒介（語言文字）而孕育出來的。

在神思活動，「志氣」（作者思想意識）與「辭令」（藝術媒介——語言文字）是決定神思通塞（藝術構思進行得順利或不順利）的關鍵因素。爲「志氣」「辭令」暢通，要保持「虛靜」的心靈狀態。並且爲保持「虛靜」及由此神思暢通，須要「養氣」「積學」的修養工夫。

總而言之，作者「爲文之用心」的全過程，便是以「情」爲核心——「情以物興」「物以情觀」「辭以情發」，憑借想象，對「物」（自然景物及人事）與「辭令」（語言文字）所進行美感活動：「感物興情」——「心生」；以語言文字構成藝術形象——「言立、文明」。

作者在神思活動，創造審美意象的過程，也就是描繪這審美意象——藝術語言產生的過程。文學是語言藝術。故文藝形象美感就決定於其藝術媒介（語言文字）的運用。劉勰明白了這一點，《文心雕龍》整個「爲文之用心」過程中，特別詳論語言文字的藝術的運用——「雕縟」過程。

【附註】：

註　一：中國古代思想家通常用「氣」指稱構成宇宙萬物的生命本質。如《易・咸彖傳》：「二氣感應以相與……天地感而萬物化生。」；《荀子・王制》：「水火有氣而無生，草木有生而無知，禽獸有知而無義；人有氣，有生，有知亦有義；故最爲天下貴也。」」；王充《論衡・自然》：「天地含氣，萬物自生」。《論衡・無形》：「人稟元氣於天，各受壽夭之命，以立長短之形。……用氣爲性，性成名定，體氣與形骸相抱，生死與期節相須。」」；劉邵《人物志・九徵》：「凡有血氣者，莫不含元一以爲質，稟陰陽以立性，體五行而著形，苟有形質，猶可即而求之。」由此看來，構成宇宙萬物的生命本質——「氣」，特別對人來說，不僅僅成爲人的形體，而且還造成人的「性」。即「氣」對人來說，就是構成人形體及心靈生命的本質。從《文心雕龍》可以看出，劉勰受到這些看法的影響。如〈風骨〉：「情之含風，猶形之包氣」；〈體性〉：「才力居中，肇自血氣」；〈聲律〉：「聲含宮商，肇自血氣」；〈徵聖〉：「精理爲文，秀氣成采」；〈麗辭〉：「若氣無奇類，文乏異采」。劉勰認爲「氣」是人形體及心靈生命的本源，故也是人所創造的「文」之本源。這就說明，「氣」是人能夠創美、審美的生命本質力量。

註　二：《美學四講》，李澤厚著，一三七頁—一五一頁。

註　三：《西方美學家論美與美感》，朱光潛編譯，二六—三一頁。

註　四：同註三，七七頁。

註　五：《美學》（一），黑格爾著，朱光潛譯，五十—五一頁。

註　六：同註五，三八一頁，五一頁。

註　七：《文心雕龍創作論》——〈釋《神思篇》杼軸獻才說——關於藝術想象〉，王元化著，一二九頁。

註　八：由「內聽」引伸「內視」的看法見於〈釋「神思」〉，寇效信著，《文心雕龍學刊》第五輯，二五九頁。

註　九：同註七——〈釋《養氣篇》牽志委和說——關於創作的直接性〉，二八一頁。

註　十：《中國古代文學創作論》——〈論藝術形象〉，張少康著，七十九頁。

註十一：同註七——〈釋《比興篇》擬容取心說——關於意象：表象與概念的綜合〉中說：「《比興篇》是劉勰探討藝術形象問題的專論，其中所謂『詩人比興，擬容取心』一語，可以說是他對於藝術形象問題所提出的要旨和精髓。」，一七八頁。

註十二：《中國藝術精神》——〈中國藝術精神主體之呈現——莊子的再發現〉，徐復觀著，七十一七五頁。

第五章　作者的為文之用心(二)——雕縟論

——語言文字的美感屬性及其藝術的運用

在「神思」論中，明顯可見將「神與物遊」（情物交融）與「屬采附聲」互相連續，幾乎是難以截然劃分。即作者在內心塑造審美意象的過程，往往也就是「建言修辭」（宗經）——藝術語言產生的過程。

本稿，爲便於細述，先在第四章探討從感物興情至塑造意象的作者用心部分，而後在本章，再詳論以語言文字——文藝媒介構成、具顯藝術形象——創造藝術語言的作者用心部分。

文藝美感透過語言文字而成立。語言文字——文藝媒介的作用在於將作者內心的情志具體化而在外顯現，因此它必然要具一種可以感覺，體會的組織、架構。換言之，文藝美感得以成立，令人欣賞，正是憑借「言形」「文見」的表現工夫，而這種表現成效也就是將語言文字——文藝媒介布局調和的結果。所以，就文藝美學而言，文藝美感價值展現的動力，其實是語言文字——文藝媒介的運用及其效應。劉勰明確認識構成藝術語言的本質特性——「古來文章，以雕縟成體」（序志），故在探討

「為文之用心」，特別强調語言文字藝術加工問題——「視布於麻，雖云未費，杼軸獻功，煥然乃珍。」（神思）。

依《文心雕龍》，「雕縟」一詞，可說就指「建言修辭」的意義，故它不僅指美飾文辭，並且有處理文辭——「處辭」（祝盟）——安排或調整文辭的廣義。所以，「雕縟」論，便涉及到語言文字本身的潛能與限制、作品的組織結構及襯托審美意象的藝術技巧和方法等，關於運用語言文字以構成藝術形象的諸種問題。

簡言之，整個「雕縟」論，所談論的便是語言文字如何運用，才能構成具有美感的藝術語言——「馭文采」——「聯辭結采」（情采）的問題。

第一節　語言文字的美感屬性及其表意的限界

語言文字是，在創美心靈活動中，作者「綜述性靈」「敷寫器象」的媒介，它的功能在於表現文藝審美內容。作者在創美心靈活動過程中，首先把握審美意象，而後運用語言文字的形式去表現去完成藝術形象。在這樣的藝術表現過程，需要注意作品的形式結構本身。

以語言文字構成的文藝作品的形式本身，具有直接喚起、調動人的感受的力量。故作者的藝術才能就發揮於去創造嶄新的、具體可感的文藝形式結構。透過什麼方式來「織辭」才呈現文藝美感，以此引發感應呢？這就涉及到語言文字的藝術的運用——「雕縟」問題。爲了探討構成文藝審美形式——「馭文采」的方法和技巧，首先要了解語言文字本身的性質——在文藝領域，從語言文字本身所具備的美感屬性，了解其質性。

劉勰對語言文字的質性較有明確的認識，〈書記〉引楊雄的話而言：

言，心聲也；書，心畫也。聲畫形，君子小人見矣。

〈聲律〉說：

故言語者，文章關鍵，神明樞機。

〈練字〉說：

夫爻象列而結繩移，鳥跡明而書契作，斯乃語言之體貌，而文章之宅宇也。

又說：

若夫義訓古今，興廢殊用，字形單複，妍媸異體，心既託聲於言，言亦寄形於字，諷誦則績在宮商，臨文則能歸字形矣。

又贊曰：

聲畫昭精，墨采騰奮。

由以上的引文，可以知道劉勰對中國語言文字的形、音、義特性的把握。劉勰認識到語言與文字的區別——「心既託聲於言，言亦寄形於字」。即文字是訴諸於視覺的符號——「心畫」；語言是訴諸於聽覺的聲音——「心聲」。依《文心雕龍》，劉勰「論文敘筆」的對象便是先秦以來的書面語言。於是，劉勰把語言和文字的特性區別說明的眞正目的，在於凸顯出中國文字所具備的「形」「聲」美感屬性。中國文字具備了「形」「聲」美感屬性，「諷誦」「臨文」時，才能發揮「聲畫昭精，墨采騰奮」的文藝形式，其視、聽覺上的審美效果。文藝審美形式不僅講究視、聽覺上的美感效果，更要講究心靈的美感效果。因爲，在創美心靈活動，運用語言文字的最重要的目的仍在於表現情志（心）。語言文字本身就是人心的創造物——「心畫」「心聲」，故各文字都表明某種意義。從文藝作品得到心靈感動的原因就在於透過語言文字的「形」「聲」（耳目美感），進入把握其具體可感的藝術審美形式所含藏的藝術審美內容。語言文字可以構成文藝審美內容的主因就是語言文字的表意特性。劉勰明白了這一點，在〈練字〉討論中國文字的演變時，注意到文字義訓的問題——「義訓古今，興廢殊用」。

由此看來，劉勰對中國語言文字的質性——形、音、義及其所具有的美感屬性皆有所認識。並且知道以語言文字「形」「聲」質性構成的文藝審美形式及以語言文字的表意特性構成的文藝審美內容，這兩者結爲一體而完成藝術語言。於是，在〈情采〉所說「形文」、「聲文」、「情文」，可以解釋成爲中國語言文字的美感屬性——形、音、義（見於第三章）；進而也可以解釋成爲以語言文字的質性構成的藝術語言所含有美感範疇。

劉勰所把握語言文字的美感屬性及藝術語言的美感範疇，從其中可推知的普遍意義而言，可以適用於分析和了解以中國語言文字構造的所有文藝作品的特性；而就劉勰當時而論，在具體的創作實踐，盡量發揮中國語言文字的美感屬性的典型例子，可見於在當時興盛的駢麗文。張仁青先生說：「中國語文之特質，在孤立與單音，極便於講對偶，務聲律，駢體文之產生，此其最佳溫牀矣。」而後，張先生就說明產生駢體文的中國語文的具體特點：「象形」、「疊字」、「複字」、「雙聲疊韻」、「一字多義」、「一義多詞」（註一）。生所舉的中國語文的特點亦是從其「形」「聲」「義」的質性而言的。

中國文字，就其「形」的特點而言，中國文字的構造，本身具有其圖畫性。並且每個字皆是獨立的方塊字，故易於造成形象之美，因此，寫成的字可以作爲藝術品欣賞。於是書法在中國早已成爲一門獨特的藝術，由此可以產生訴諸於視覺的形象之美。

就其「聲」的特點而言，中國語言文字有聲調，才有平仄四聲的變化，由於中國語言文字的單音節性，才能產生雙聲、疊韻、疊字等音律上的技巧；由於中國語言文字的單音節性，同韻的字很多，才可以靈活地押韻，不致有詞彙缺乏之困難。由此可以產生訴諸於聽覺的，抑揚頓挫之聲韻、音律之美（註二）。

就其「義」的特點而言，由「一字多義」「一義多詞」，易於產生對偶文字（註三）。

當然，以上所論的中國語言文字的「形」「聲」「義」特性是互相聯貫的，不是彼此孤立的。

劉勰處在「自覺地把漢字修辭的審美特性研究發揮到極致」的駢麗文興盛的齊梁時期，把握中國語言文字的美感屬性，同時，探討以語言文字的美感屬性構成藝術語言的諸種方法和技巧。

以上的內容便是從中國語言文字的質性而論述的。

就語言文字的基本功能而言，語言文字具有表意特性，表意便是語言文字的基本功能。劉勰幾乎已認定心意的表現與語言文字的表現同時存在——「心生而言立，言立而文明」（原道）。

在創美心靈活動，語言文字是把審美意象轉化爲具體可感的藝術形象的媒介。作者以語言文字塑造藝術形象，但有時，在作者內心所構思而存在的意象，並不完全的語言文字來表現出來——「是以意授於思，言授於意，密則無際，疏則千里，或理在方寸而求之域表，或義在咫尺而思隔山河。」（神思）。劉勰很肯定語言文字的表意特性和功能。但他又深切體驗到構造藝術形象的具體過程中，語言文字表意功能的限界，〈神思〉說：

> 方其搦翰，氣倍辭前，暨乎篇成，半折心始。何則？意翻空而易奇，言徵實而難巧也。

這就說明了在文藝創作，「言不盡意」的遺憾及其原因。

在六朝，在文藝領域所提起言意論，就是受當時玄學上的言意之辨的影響，而其哲學上的意義向文學創作中言意美學範疇轉化，從此形成的（註四）。

劉勰之前，魏晉時期，陸機受言意之辨的影響，而在其〈文賦〉暢論文藝創作中的「意不稱物，文不逮意」的問題。所謂「意不稱物」，是說由藝術構思而形成的審美意象，不能充分地反映外在事物；所謂「文不逮意」，是說以語言文字構成的藝術形象（文），不能夠吻合原來所要表現的意象。

劉勰、陸機的言意論與當時玄學領域裡關於言、象、意的討論有著聯繫。不過，劉勰、陸機不是簡單地重復哲學領域裡的觀點，而是從創美心靈活動——爲文之用心出發，比較深刻地揭示了言意關係在文藝領域中所具有的意義。

語言文字是人用心的創造物，它的功用簡直難以估量。但是，語言文字與人的感情、想像、思想等心理活動相比，人的各種心理活動在進行的意識領域，大過於語言文字的表意功能所概括的範圍。故語言文字雖然具有表意、表情的功能，但有時不能夠盡意、盡情。這便是在一般生活，使用語言文字時也可以體會到的。

劉勰認爲，在文藝領域，語言文字的功用在於表顯情意——「文辭盡情」（定勢）。但同時，深切體驗到語言文字不能盡情、盡意的限界。不過，在文藝領域，「言不盡意」的限界，反而可以造成更大的藝術效果。即作者在創美心靈活動，要盡意、盡情，其最好的方法是，充分運用語言文字的啓發性和暗示性，喚起讀者的聯想，讓讀者自己去體會言外之意，從此得到無窮的滋味美感。這就涉及到藝術語言的特性問題。

劉勰由自己創作經驗，體會到「言不盡意」的限界，〈序志〉說：

言欲盡意，聖人所難。

〈神思〉說：

至於思表纖旨，文外曲致，言所不追，筆固知止。

而劉勰不只止於體會「言不盡意」，也認識到「言所不追」的「文外曲致」所能呈現的藝術效果。於是，〈隱秀〉說：

> 夫心術之動遠矣，文情之變深矣，源奧而派生，根盛而穎峻，是以文之英蕤，有隱有秀。隱也者，文外之重旨者也；秀也者，篇中之獨拔者也。隱以複意爲工，秀以卓絕爲巧，斯乃舊章之懿積，才情之嘉會也。

「隱」是「文外之重旨」，而所謂「文外之重旨」便是「文外曲致」之意。「隱」是透過婉曲、暗示的表現方式，即作品的字面上沒有直接或明確說出要表達的本意，而間接提供給讀者更大的想像空間，讓讀者體驗作品直接可感的內容之外的更爲深遠的意蘊，使讀者通過有限的語言文字（具體可感的藝術形象）感受領會到無限的意味。所以「夫隱之爲體，義主文外，秘響旁通，伏采潛發，譬爻象之變互體，川瀆之韞珠玉也。」（隱秀）這種「隱」的特點，便可以造成「辭約而旨富，事近而喻遠」（宗經）的藝術效果。即其特點在於意義產生於語言文字之外，故云：「深文隱蔚，餘味曲包」（隱秀）。這樣的特點就與黃維樑先生《中國詩學縱橫論》中，所談論西方現代批評裏所謂「多義語」（plurisignation）的詩藝特質很類似。黃先生說：「詩篇中，一字、一句、甚或全篇可作多種解釋，而諸意並行不悖，不但無傷詩藝之美，而且有益其多姿之趣，其得力處，在一言多意。常人每以爲一言當只有一意，如今一言可有多意，這些多出來的意義，就是言外之意了。一言多意，即西方現代批評的所謂『多義語』（plurisignation）。……詩中語言，讀起來模稜兩可、曖昧難明，使人覺得含意豐富、奧義無窮，是詩之至也。」（註五）如此看來，劉勰對藝術語言的「隱」效果的論述，可以說已具有相當普遍的美學意義。

在文藝創作，烘托審美意象的方法，除了「隱」之外，還有「秀」。「秀」便是文章中其美感突出的部分——「篇中之獨拔者也」。而「秀以卓絕爲巧」，「秀」是各種表現功力所完成的，文章中「動心驚耳，逸響笙匏」的特美之處。

在文藝創作，作者的情意，總是要通過語言文字來表現，但是語言文字有其表現情意的局限，藝術語言不可能也不必要用語言文字將情意都直接表現出來，把情意表示明了，反而喚不起美感。因爲通常藝術語言的特點在於它所具有高度的「暗示性」。這種藝術語言的「暗示性」並不是通過它本身並不吸引人們注意的，純粹「指示性的」語言文字，而是它本身的質性——字音的象徵性，韻律以及各種技巧吸引人們注意的，富有形象感的語言文字來實現的（註六）。由此看來，「隱」「秀」便是最能明示藝術語言的特點，故劉勰說：「文之英蕤，有秀有隱」（隱秀）。

「隱」的表現方式，在文藝領域，「文辭盡情」的作用大大提高。而特美的「秀」句，在語言文字的美感屬性及整個作品的秩序的配合上求表現，所以由語言文字質性所成立的形象美、音律美，以及爲整個作品的秩序的調和的立意佈局與各種藝術技巧都要注意。

文藝美感透過語言文字而成立。劉勰認清了這一點，從語言文字的質性著手，探討語言文字如何構成文藝美感的問題。

第二節　從耳目之美感講究藝術語言的形象美（形文）及音律美（聲文）

劉勰論藝術語言，基於語言文字——藝術媒介本身，訴諸於視、聽覺的「形」「聲」美感屬性，探討在文藝領域，構造「形文」與「聲文」的規律及其美感效果。其實，這是六朝文藝界對語言文字的反省和了解及其運用，日漸深刻、精工，尤其是六朝文士在運用語言文字刻意追求新變的結果。即由對藝術語言的自覺，發展了運用語言文字的藝術技巧，從此，內心的情意，以生動、具體可感的藝術語言，顯現耳目之前，以此達成「入耳之娛」「悅目之玩」（《文選・序》）的審美愉悅。

首先，就訴諸於視覺的「形文」而言，有關「形文」的詳論可見於〈練字〉篇。范文瀾先生《文心雕龍注・情采篇》說：

形文，如〈練字〉篇所論，聲文，如〈聲律〉篇所論。

徐麗霞先生《文心雕龍練字篇之修辭學考察》說：

鍊（練）字篇所討論的重點，即是這文字形象於文章修辭裡所造成的視覺美感效果。（註七）

程兆熊先生《文心雕龍講義・練字篇》說：

外方之拼音文字，皆只能使「心既託聲於言」，以克盡其文字上之最大功能。而我國之形聲文字，則不僅可以使「心既託聲於言」，而且還進而可使「言亦寄形於字」。此則既可以使「

> 諷誦則績在宮商」，而儘足以使「文字」有其音樂上之美；又可以使「臨文則能歸字形」，而儘足以使「文字」有其圖案化之美。……且文字既已由具備其音樂上之美，進而具備其圖案化之美，則由音樂上不斷之聯想，進而爲圖案上無窮之想像，即更覺其意義之永恆；而有其語言之實質。（註八）

中國文字具有了形、音、義的本質特性，依以上的引文，〈練字〉篇是著眼於字形，而談論文字的圖畫性訴諸視覺的美感效果。程先生雖然將中國文字的形聲特點並論，但程先生仍以爲〈練字〉篇的重點在於講究「圖案化之美」，故就劉勰爲講究「形文」所提出四種標準而言：

> 凡此所謂「避詭異」，所謂「省聯邊」，所謂「權重出」，所謂「調單複」，皆所以求其符合於文字上之圖案化之美，以使人更有豐富而美妙之想像。（註九）

程先生只說這四種標準是爲了講求「圖案化之美」的，而沒有詳論這四種標準，其各個特點與文字視覺美感效果之間的關係。以下，依《文心雕龍》而解析構成「形文」的四種標準。

就「避詭異」而言，〈練字〉說：

> 詭異者，字體瓌怪者也。曹攄詩稱：「豈不顧斯遊，褊心惡哅呶」。兩字詭異，大疵美篇，況乃過此，其可觀乎！

是要求使用「世所同曉」（〈練字〉）的，易於了解的文字。因爲「今一字詭異，則群句震驚，三人弗識，則將成字妖矣。」（上同）即句中有了怪字，全句的美感都受到影響，故不能任意用詭異的文字去

破壞文句的整體美感。故說：「句之清英，字不妄也。」（章句）

那麼，「避詭異」的用字標準與視覺美感有何關係呢？讀者閱讀時，遇到非常罕見的，難於了解的文字，就「非師傳不能析其辭，非博學不能綜其理」（練字）的情況發生。徐麗霞先生就這種情況所引起的弊端而言：

> 就修辭的視覺而言，當我們的視覺不能作順暢的流覽時，心理便產生不愉快感，整個文章的畫面便有若干突出的字塊，這些突出的字塊，即顯得特別刺眼，且充滿破壞性。（註十）

由此看來，詭異字的使用不但不便於文章意義的了解，並且以其字體的怪異而破壞整個文章的畫面，因此，不能引起視覺上的美感。故劉勰認爲「綴字屬篇」時一定要「避詭異」。

就「省聯邊」而言，〈練字〉說：

> 聯邊者，半字同文者也。狀貌山川，古今咸用，施於常文，則齟齬爲瑕，如不獲免，可至三接，三接之外，其字林乎！

「聯邊」就指一句中連用偏旁相同的文字的狀態。這種現象多見於賦的表現形式。中國文字中形聲字的偏旁，用以表示事物的類別，故相同的偏旁字，大部分都屬於同類事物。賦重視描寫事物的具體形象，因此要獲得文字的雕刻或繪畫的美感效果——「寫物圖貌，蔚似雕畫」（詮賦）。朱光潛先生也說：「賦則較近於圖畫，用在時間上緜延的語言表現在空間上並存的物態。……賦則有幾分是『空間藝術』。」（註十一）賦的表現技巧就著重於描寫事物的形象，所以如「狀貌山川」時，便多用屬於山水範圍的字，如描寫「草區禽族」時，無法脫離使用屬於草木或禽族之類的字。於是，其文字安排上，容易造成「聯邊」現象。劉勰認爲相同偏旁的字「如不獲免，可至三接」，但超過了「三接」就變成徒然堆積同一偏旁文字的「字林」。黃叔琳《文心雕龍注・練字篇》說：

> 按三接者，如張景陽雜詩「洪潦浩方割」，沈休文和謝宣城詩「別羽汎清源」之類三接之外，則曹子建雜詩「綺縞何繽紛」，陸士衡日出東南隅行「璚珮結瑤璠」，五字而聯邊者四，宜有字林之機也。若賦，則更有十接二十接不止者矣。

李曰剛先生《文心雕龍斠詮・練字篇》說：

> 案六朝文士，好用同形聯邊字，往往一句之中，字字同形聯邊者，如西京賦：「鱣鯉鱮鮦鮪鯢鱨魦」句，海賦：「浟湙瀲灩，浮天無岸，沖瀜沆瀁，渺瀰湠漫，波如連山」句，任意堆垛，類同兒戲，故彥和有此呼籲也。

依黃、李先生所舉的例子，可以知道在文句中所出現「聯邊」現象，其具體狀態。就「聯邊」現象與視覺美感之間的關係而言，在文句中，相同偏旁的文字一直出現，就破壞了文句畫面的參差之美，讓人看得很厭煩，故難於造成在視覺上的美感。

就「權重出」而言，〈練字〉說：

> 重出者，同字相犯者也。詩騷適會，而近世忌同，若兩字俱要，則寧在相犯。故善爲文者，富於萬篇，貧於一字，一字非少，相避爲難也。

劉勰認爲在文句安排文字時須要避免重複，故說：「同辭重句，文之肬贅也。」「附贅懸肬，實侈於形」（鎔裁），但也知道這卻是很困難的事。所以說：「若兩字俱要，則寧在相犯」，即遇到不得不重復的情況，就讓它重出。但作者如果能夠避免同字相犯之弊，其文句不冗長而更加生動。單就其文字排列的形式而言，如果能避免相同文字的重複，在視覺上可以感覺由不同文字的排列而來的參差之美感。

就「調單複」而言，〈練字〉說：

> 單複者，字形肥瘠者也。瘠字累句，則纖疏而行劣；肥字積文，則黯黕而篇闇；善約字者，參伍單複，磊落如珠矣。

字形有繁簡，在組合文字而構成文句時，如果每個字都是簡單的瘠體字或每個字都是繁複的肥體字，便失去了文章整個畫面的均衡原則。即造不成「參伍單複，磊落如珠」的美感效果。因此看來都不順眼，得不到視覺上的美感。故一定調合肥瘠字而交互運用，才能造成文章整個畫面的均衡之美。

由此看來，文章整個畫面的均衡之美感，就由文字本身的視覺形象美感屬性來達成。即文章的「形文」就由文字的「形文」屬性而來。劉勰所提出的四種標準，單就其「形文」效果而言，不外是講究一篇文字形體，其安排的均衡及變化，以此完成「參伍單複」，並且字體不怪的「磊落如珠」的視覺形象美感。

在創造藝術的語言，除了字形之外語言文字所具有的聲音，也是構造文藝形式美感的媒介特性。

在向讀者的聽覺感官傳達藝術語言的內容之時，其藝術語言應當顯明出令人愉悅的音律之美，才更會引起讀者的欣賞滋味。六朝文士對語言文字的音律美感，有所探討，自然就有創造音律美感的方法和規律。

劉勰對語言文字的美感屬性，有所認識，便注意文藝外在形式自身的美感，他爲它尋找創美規律。他不但對文字的視覺形象美感有所論述，並且對文字的聽覺音律美感也有所詳論。就訴諸於聽覺的「聲文」而言，有關「聲文」的專論可見於〈聲律〉篇。劉勰在〈聲律〉篇，不僅闡明了各種發音器官的作用，提出了「高」、「下」、「飛」、「沈」、「雙」、「疊」等語音現象，而且還將「標情」與「比音」聯系起來，强調了藝術語言的「和韻」審美形式，透過「玲玲如振玉」（聲律）的聽覺美感，體現「滋味」、「風力」的根本意義。

在〈聲律〉，首先，論述音律的起源問題，〈聲律〉說：

夫音律所始，本於人聲者也。聲含宮商，肇自血氣，先王因之，以制樂歌。故知器寫人聲，聲非學器者也。故語言者，文章關鍵，神明樞機，吐納律呂，脣吻而已。

劉勰認爲藝術語言的音律，原是本於「肇自血氣」的人聲——語言自然的抑揚頓挫、輕重高下等變化——「心旣托聲於言」「聲有宮商」。劉勰在此，由提出藝術語言的聲韻節奏源於人聲，而表明藝術的語言的音律美要合乎自然。即人聲也是一種天然的聲音，故似自然界的聲音——「至於林籟結響，調如竽瑟；泉石激韻，和若球鍠」般「聲發而章成」（原道）——在此所謂「文」就指音韻調和之美

——是自然之道。故在調合人聲而構造藝術語言的音律的時候，其規律要合乎自然音律。從而劉勰分析藝術語言中音律的來由，同時指出藝術語言和音律可寄托在唇吻之間的吟詠，〈聲律〉說：

是以聲畫妍蚩，寄在吟詠，滋味流於字句，風力窮於和韻。

藝術語言的音律之美，在吟詠之間，最能夠體會到——「吟詠之間，吐納珠玉之聲」（神思）；「諷誦則績在宮商」（練字）。即在吟詠之間，「聲轉於吻」「辭靡於耳」（聲律），從此得到一種由音律和諧引起的聽覺美感。

劉勰再就造成藝術語言音律美的形式特徵而强調，爲調協節奏韻律必須遵循美化聲音的客觀規律。

劉勰將藝術語言音律美的形式特徵分爲文辭的節奏——「和」與句末的協音——「韻」，〈聲律〉說：

異音相從謂之和，同聲相應謂之韻。韻氣一定，則餘聲易遣；和體抑揚，故遺響難契。屬筆易巧，選和至難，綴文難精，而作韻甚易。

「同聲相應」的「韻」就講究相同的和諧律——押韻；「異音相從」的「和」就講究一句之中，相異的平仄交替所成的節奏美感。劉勰認爲「韻」易而「和」難。押韻有了規律，譬如用東韻，則可以任意選擇東韻之字，所以說「韻氣一定，故餘聲易遣」。至於平仄交替，變化很多，所以難於安排得很合適——即「和體抑揚」，所以「選和至難」。

劉勰認為「選和至難」的原因，在於選用飛沈的字聲，為使它聲音調和，要靠「內聽」，〈聲律〉說：

> 今操琴不調，必知改張，摛文乖張，而不識所調，響在彼絃，及得克諧，聲萌我心，更失和律，其故何哉？良由外聽易為巧，而內聽難為聰也。故外聽之易，絃以手定；內聽之難，聲與心紛；可以數求，難以辭逐。

聲音雖生於人心，但以文字來追求和律是並不容易，可見單憑內心的感覺而難於造成確實的和律。所以為構造藝術語言的節奏美感，要把握音律美的客觀形式規律。

為「選和」——節奏的調和，要注意和講究「句內雙聲疊韻及平仄之和調」（註十二）。〈聲律〉說：

> 凡聲有飛沈，響有雙疊，雙聲隔字而每舛，疊韻離句而必睽；沈則響發而斷，飛則聲颺不還，並轆轤交往，逆鱗相比，迕其際會，則往蹇來連，其為疾病，亦文家之吃也。

「聲有飛沈」便指字的聲調分飛揚的平清與沈抑的仄濁。「響有雙疊」就指字音的雙聲疊韻。雙聲則指兩字的發聲的輔音相同；疊韻則指兩字，收聲的元音相同。為藝術語言節奏的調協，必須注意雙聲疊韻及清濁平仄的適當的安排。如果一句皆屬於沈抑之音，或全句皆用飛揚之聲，就產生過於平清或過於仄濁之單調現象，不利於節奏的和諧——「沈則響發而斷，飛則聲揚不還」。雙聲，疊韻要用，便須連用在一起，如果隔字離句，就會影響音韻的和諧——「雙聲隔字而每舛，疊韻離句而必睽」。即失去了音律的協和，如人病口吃，喉脣糾紛，讀來不順口，聽來不順耳，故造不成藝術語言的聽覺美感。因此，必須了解造成音律美的形式規律，在運用語言文字，努力於字音的協調，如此，才能完成順口、順耳的節奏美感。

至於押韻，劉勰以爲比調和節奏較容易。因爲韻律有一定的音爲標準。其實，押韻也可說是强調藝術語言節奏的一個方法，它是在文句的間歇中，將相似的音不斷重覆，透過聽覺美感效果，喚起人的注意及興趣。

劉勰認爲押韻比較容易，但他對押韻還提出造成韻律之美的規範。首先，句中用韻，不可誤用訛音，〈聲律〉說：

> 凡切韻之動，勢若轉圜；訛音之作，甚於枘方。免乎枘方，則無大過矣。

此外，在〈章句〉還提到轉韻的問題：

> 若乃改韻從調，所以節文辭氣，賈誼枚乘，兩韻輒易；劉歆桓譚，百句不遷；亦各有其志也。昔魏武論賦，嫌於積韻，而善於貿代，陸雲亦稱：「四言轉句，以四句爲佳」。觀彼制韻，志同枚賈。然兩韻輒易，則聲韻微躁；百句不遷，則脣吻告勞；妙才激揚，雖觸思利貞，曷若折之中和，庶保无咎。

韻在句末的變換，要順乎自然的氣勢。劉勰認爲「兩韻輒易」——兩句一轉轉得太快；「百句不遷」

——百句不遷又太少變化，即轉韻太急或久不換韻都不合乎自然，而從此發生「聲韻微躁」「脣吻告勞」的不順耳、不順口的現象。於是劉勰主張折中。由此看來，訴諸於聽覺的藝術語言中的「聲文」，其美醜就決定於節奏與韻律是否有變化中的調和。

運用文字的聲音而追求選和與押韻，以此完成藝術語言的音律美。這便是劉勰所提出講究「聲文」的方法及其藝術效果。

依以上有關藝術語言的「形文」「聲文」的論述，可知劉勰對語言文字所具形聲質性的藝術的運用，及其視、聽覺美感效果有所認識並予以重視。劉勰不僅注意由語言文字的質性造成的藝術語言的形象美（圖畫美）及音律美本身特性及其運用規律，並且考察在歷來文藝作品講究「形文」「聲文」效果的具體狀況及其發展趨勢。

講究藝術語言的「形文」「聲文」效果的文藝表現傾向多出現於對自然景物的描寫。六朝文士已有「感物」（審美自然）的自覺，同時對語言文字——文藝媒介本身的美感亦有所認識。從而運用聲調、節奏、對偶、「蔚似雕畫」的語言文字的形象，聲律之美感特性，並使用恰當的方法，反映自然景物的具體可感的形象美，同時表現了文藝審美形式的精巧美。

在〈物色〉列舉了〈詩經〉透過「屬采附聲」，追求「寫氣圖貌」的具體狀態：

> 故灼灼狀桃花之鮮，依依盡楊柳之貌，杲杲爲出日之容，瀌瀌擬雨雪之狀，喈喈逐黃鳥之聲，喓喓學草蟲之韻。皎日嘒星，一言窮理；參差沃若，兩字窮形，並以少總多，情貌無遺矣。

劉勰把握了《詩經》運用雙聲、疊韻、相同偏旁等語言文字的形聲特性，以描繪自然事物狀態的特點。

接著劉勰指出「靈均唱騷，始廣聲貌」（詮賦）的情況：

及離騷代興，觸類而長，物貌難盡，故重沓舒狀，於是嵯峨之類聚，葳蕤之群積矣。

到屈原創作《離騷》，觸及自然事物，便依其聲貌特點，多用重疊複沓的語言文字，廣加敷演。

再提出漢賦「極聲貌以窮文」（詮賦）的狀況：

及長卿之徒，詭勢瓌聲，模山範水，字必魚貫。

據在前所論劉勰對「形文」「聲文」的見解，而解析劉勰對漢賦「極聲貌以窮文」的運用語言文字質性的看法，可以如下說：作者「模山範水」時，過分重複使用相同偏旁的字形及雙聲、疊韻的字音，只能構成「字林」（練字）「瓌聲」的不順眼、不順耳的藝術語言，故從此難於得到「形文」「聲文」自然調和之美感（註十三）。

至六朝，對自然景物的外在聲貌有了審美自覺，從而講究文藝審美形式的山水詩文興盛起來。〈明詩〉說：

宋初文詠，體有因革，莊老告退，而山水方滋，儷采百字之偶，爭價一句之奇，情必極貌以寫物，辭必窮力而追新，此近世之所競也。

「極貌以寫物」的文藝審美形式特徵，從《詩經》《離騷》開端，在漢賦中就已具備，但是直到六朝時期，由山水詩文的興起，不僅全面總結了其本質特徵，而且還指出它爲詩歌帶來的巨大的審美效果。

陸機在〈文賦〉中提出「期窮形而盡相」的創美原則之後，「極貌以寫物」就成爲六朝時期詩歌的重要審美標準。

鍾嶸認爲五言詩「是眾作之有滋味者」，可以使讀者獲得豐富的美感，其原因之一就是它「指事造形，窮情寫物，最爲詳切」（《詩品・序》）。

鍾嶸《詩品》評張協「文體華淨，……又巧構形似之言」；評謝靈運「雜有景陽之體，故尙巧似」（上品）；評顏延之「尙巧似」；評鮑照「善制形狀寫物之詞，得景陽之諔詭。……然貴尙巧似，不避危仄」（中品）。

詩歌藝術中，「形似」是以盡量發揮語言文字的形、聲美感屬性摹寫自然事物所得到的具體可感，鮮明、逼眞的藝術效果。劉勰在〈物色〉說：

> 自近代以來，文貴形似，窺情風景之上，鑽貌草木之中，吟詠所發，志惟深遠；體物爲妙，功在密附。故巧言切狀，如印之印泥，不加雕削，而曲寫毫芥。故能瞻言而見貌，即字而知時也。

在此劉勰所謂「形似」顯然以宋、齊山水詩文的興盛爲背景而提出的。山水詩文所達到的「巧言切狀，如印之印泥」「能瞻言而見貌，即字而知時」之類的藝術成就，一方面是當時人對自然山水形貌本身的審美經驗所帶來的；另一方面是由努力於追求藝術語言的嶄新面貌——「爭價一句之奇」「窮力而追新」。劉勰已在〈原道〉明示自然美所具顯的「形文」「聲文」特點——「雲霞雕色，有逾畫工之妙；草木賁華，無待錦匠之奇。……至於林籟結響，調和竽瑟；泉石激韻，和若球鍠。故形立則文生矣，聲發則章成矣。」並且在〈練字〉〈聲律〉等篇，就提出語言文字可以造成的形象美及音律美。具備「形文」「聲文」的自然物象本身，可以令人「娛耳目」（見第四章）。「物沿耳目，辭令管其樞機」（神思），故以語言文字描繪自然景物時，亦注意藝術語言訴諸於視、聽覺的美感效果——「沈吟視聽之區」（物色），因此，在構造藝術語言，將語言文字形、聲美感屬性極度地發揮，而造成「循聲而得貌」「披文以見時」（辨騷）的藝術效果，可以令人「驚聽回視」（比興）。依《文心雕龍》而言，以語言文字構成的「形文」「聲文」方面的藝術效果，主要體現在歷來描繪自然山水的藝術語言。

據此可以顯示，劉勰所提出「形文」「聲文」的審美特徵，在歷來具體創美活動中如何呈現，其發展趨勢及所達成的藝術效果。並且可知，劉勰對運用文藝媒介所造成的藝術語言視、聽覺美感效果有所贊賞，但對漢賦「字必魚貫」的繁句及當時由「形似」文風所引起爭奇競繁的趨勢有所不滿。因此，對物象描繪要求：「物色雖繁，而析辭尙簡」（物色）這藝術語言的繁、簡就涉及到一篇文藝作品的整個結構問題。（詳論見於本章第三節）

總之，由有關字形、字聲所造成美感效果的探討，及對當時「形似」文風的關注，可以知道劉勰很重視以文藝媒介形聲質性所可能造成的，訴諸於視、聽覺的形象美與音律美。

當然，構成藝術語言的因素不只止於講究其「形文」「聲文」的特性。「形文」「聲文」便可說是由文藝媒介本身所具備美感屬性而來的，構成藝術語言審美形式的基本因素。因爲爲構造藝術語言的審美形式，所需要各種藝術技巧、整體結構的秩序等，皆基於其「形文」「聲文」而使得運用與設計。

本節，主要偏重於語言文字的形聲質性而探討塑造藝術語言形象美及聲律美的規律及美感效果。但語言文字除了其形聲質性之外，還有表意、表情的功能。其實，從藝術語言所能得到的美感，不只止於語言文字外在形式美本身所引起的耳目愉悅。而從其藝術語言審美形式所顯出審美內容，更是令人進入心靈美感的主要因素。藝術語言的審美內容是由作者情意爲本質。但語言文字的表意功能有限，難於盡情、盡意。故在塑造藝術形象，作者講究了烘托情意（審美意象）的各種藝術技巧和方法。並且爲藝術語言的整體美感，考慮了所構成藝術語言各種因素的安排問題。

由此看來，構造藝術語言審美形式的過程也就是塑造其審美內容的過程。即爲構成藝術語言所講究藝術技巧及結構安排等語言文字的運作法，對藝術語言本身的外在形式及藝術語言的內容都具有加强其美感作用的意義。而如此，才能造成透過耳目美感——「披文」進入心靈美感——「入情」的，情采結合的藝術語言——「情文」。

第三節　從心靈的美感講究作品組織結構的秩序及烘托審美意象的藝術技巧

作者「情動而辭發」，讀者「披文以入情」（知音），在此，作者所「動」的「情」即指由「感物」（審美經驗）所「興」的創美心靈；讀者所「披」的「文」便指作者由「情動」所「發」的「辭」——即情采兼備的藝術語言，故從此才能感受到藝術語言的審美內容——「情」。由此看來，作者創美時，以語言文字顯現情感；讀者審美時，透過藝術語言感受到其審美內容——作者所傳的情感。在文藝活動，這些過程可能的主因在於語言文字的表意、表情的功能，即藝術語言成立於透過語言文字形聲的外在形式顯出其外在形式所含有的情意——審美內容。於是，讀者「披文」時不但感覺其外在形式直接訴諸耳目感官的視、聽美感，並且從此使得進入其審美內容領域，由此體會，以情采兼備的藝術語言之心靈美感滋味。

因此，劉勰在塑造藝術語言——「雕縟」過程，一直並重其審美形式（采）及「采」所含有的審美內容（情）。

依《文心雕龍》，能夠引起心靈美感的藝術語言，便由其組織結構的秩序及以襯托審美意象的各種方法，所造成的鮮明、生動的形象感與豐富的含意來完成。

因此，劉勰在探討塑造藝術語言——馭文采的過程，首先，很重視作品組織結構的秩序問題。其實，結構的佈局，在文藝構思，可說是爲作品的各個部分組成一個有機、和諧和完整的整體，按照美的規律所設計的作品輪廓，故〈附會〉說：

> 何謂附會？謂總文理，統首尾，定與奪，合涯際，彌綸一篇，使雜而不越者也。若築室之須基構，裁衣之待縫緝矣。

這就要求結構的佈局必須疏密詳略，安排適度；首尾呼應，連成一體；層次清楚，多樣統一；完整和諧，錯綜起伏，而如此的要求皆基於藝術語言的審美形式與內容相互結合，才能達成，故〈附會〉接著說：

> 夫才童學文，宜正體製：必以情志爲神明，事義爲骨鯁，辭采爲肌膚，宮商爲聲氣；然後品藻玄黃，摛振金玉，獻可替否，以裁厥中，斯綴思之恆數也。

「情志」與「事義」可說構成藝術語言的審美內容；「辭采」「宮商」可說是構成藝術語言的審美形式。因此就作品整體而言，統一全篇的審美形式與內容，使文義暢通、文辭得宜，這便是由作品組織結構的秩序。劉勰進而論述爲文義暢通，文辭得宜的「附辭會義」的基本方法，〈附會〉說：

> 凡大體文章，類多枝派。整派者依源，理枝者循幹，是以附辭會義，務總綱領，驅萬塗於同歸，貞百慮於一致，使眾理雖繁，而無倒置之乖，群言雖多，而無棼絲之亂。扶陽而出條，順陰而藏跡，首尾周密，表裏一體，此附會之術也。

爲「附辭會義」要「首尾圓合，務貫統序」（〈鎔裁〉），這樣才能使作品成爲「外文綺交，內義脈注」

〈章句〉的一個完美的藝術整體。如果在結構的佈局有了差錯，就「統緒失宗，辭味必亂；義脈不流，則偏品文體」（附會）。

依此而言，作品的結構佈局一定要著眼於作品整體的秩序——「棄偏善之巧，學具美之積」，才能使作品「首尾周密，表裏一體」（附會）。即由文辭文義的統一，確立其整體結構的秩序，便可以顯示其「如樂之和，心聲克協」（附會）的調和之美。

附辭會義力求總綱領，但「凡思緒初發，辭采苦雜，心非權衡，勢必輕重」，「意或偏長」「辭或繁雜」（鎔裁），故爲文義文辭的統一與調和，一定要鎔法以「規範本體」而裁法以「剪截浮詞」，〈鎔裁〉說：

> 情理設位，文采行乎其中。剛柔以立本，變通以趨時。立本有體，意或偏長；趨時無方，辭或繁雜。蹊要所司，職在鎔裁，隱括情理，矯揉文采也。規範本體謂之鎔，剪截浮詞謂之裁。裁則蕪穢不生，鎔則綱領昭暢，譬繩墨之審分，斧斤之斲削矣。駢拇枝指，由侈於性，附贅懸肬，實侈於形。一意重出，義之駢枝也；同辭重句，文之肬贅也。

除去重出的、多餘的浮詞，使作品的根本內容明晰暢達地顯示出來，從而建構「首尾圓合」的「條貫統序」，同時，避免叢雜枝蔓，這便是鎔法裁法所要解決的問題。

首先，就爲「綱領昭暢」的鎔法而言，鎔法就是由「隱括情理」而設位的命意之法，其法有三準，〈鎔裁〉說：

履端於始，則設情以位體；舉正於中，則酌事以取類；歸餘於終，則撮辭以舉要。

首先，「設情以位體」，便表明「情理設位」的「設位」工夫，即指根據作者所要表現的情意來建立全篇的骨幹（本體）。其次，取用正確的合適的語言材料，〈事類〉說：「事類者，蓋文章之外，據事以類義，援古以證今者也。」所以，「酌事以取類」可說是斟酌選擇客觀事例來表明情意時，要選取類似的和內容貼切的典故。最後，「撮辭以舉要」，就是要用精練的言辭來擬出要點或者列出內容提綱。從而可知，劉勰所標舉的「三準」就是闡明在「思緒初發，辭采苦雜」的文藝構思前段如何鎔意而佈局。於是，可見鎔法在依據情意設定骨幹，選取與主旨吻合的客觀事例，明示要旨。「情理設位」之後，才能舒寫辭采，鋪排內容──「舒華布實」，並且可以取捨而調節舒寫的辭采。取捨與調節辭采的方法，便是「矯揉文采」的裁法。

就爲「蕪穢不生」的裁法而言，語言文字組合成辭句時，易於發生過繁或過略的現象，故必須以增刪修改它，〈鎔裁〉說：

句有可削，足見其疏；字不得減，乃知其密。精論要語，極略之體；游心竄句，極繁之體。謂繁與略，適分所好。引而申之，則兩句敷爲一章，約以貫之，則一章刪成兩句。思贍者善敷，才覈者善刪。善刪者字去而意留，善敷者辭殊而義顯。字刪而意闕，則短乏而非覈；辭敷而言重，則蕪穢而非贍。

字句的增刪在除「意闕」「言重」的文病，因爲「意少一字則義闕，句長一言則辭妨」（書記）。字句的繁略如果因著作者個人的才質，使用得恰當，雖「字去」而「意留」，雖「辭殊」而「意顯」，這樣用字的功夫，能夠作到「捶字堅而難移」（風骨）的，其文辭與文意恰合的完美的藝術語言。而創造這樣完美的藝術語言之用字功夫，以字所構成的章句而完成。於是，劉勰論述章句的意義與重要性及字、句、章、篇之間的關係，從此更具體地闡發在建構作品整體秩序，「附辭會義」的方法。〈章句〉，首先說明章句之意：

> 夫設情有宅，置言有位；宅情曰章，位言曰句。故章者，明也；句者，局也。局言者，聯字以分疆；明情者，總義以包體，區畛相異，而衢路交通矣。

作品全體中，每一段落有按照全篇的命意所決定的段落的意義，要把這個意義說得明白，這就是「章」；聯結幾個字構成一個意思，這就是「句」。一句由兩個以上的字組成，一章由兩個以上的句所組成，所以章與句雖「區畛相異」而不可分離——「衢路交通」。由字成句，由句成章，所以字、句、章都參與建構作品整體結構，並且成爲結構的一部分，〈章句〉說：

> 夫人之立言，因字而生句，積句而成章，積章而爲篇。篇之彪炳，章無疵也；章之明靡，句無玷也；句之清英，字不妄也；振本而末從，知一而萬畢矣。

劉勰將一篇作品看作是一個有機的整體，因而他認爲要使作品完美無缺，參與創美活動的各部分本身要完整。並且各部分之間須有意義與文字安排前後的聯貫與秩序——「章句在篇，如繭之抽緒，原始要終，體必鱗次。」（章句）於是，「搜句忌於顛倒，裁章貴於順序」（同上）。如果失去了其前後聯貫與秩序，就「若辭失其朋，則羈旅而無友；事乖其次，則飄寓而不安」（同上），故造不成章句之美。因此，要考慮從局部到全面，又從全面到局部，而組成句子，安排章節，這樣，才能構造「外文綺交，內義脈注，跗萼相銜，首尾一體」（同上）的辭義「彪炳」的作品，這便是由完整的「附辭會義」（附會）所形成的完美境界。

由以上所論，作品全體的秩序，便可說是透過將成篇的各部分，字句章節適當地配置而形成的多樣的統一。這樣的部分之間的有機的組合並不是機械的拼湊，而是基於肯定部分與部分之間的變化而追求其間的貫串——「彌綸一篇，使雜而不越」（附會）。故剪裁組織語言文字而完成一個首尾一貫的整體——一種完美的秩序，其過程便是以調節「意之偏長」與「辭之繁雜」，構成辭意和諧組和的過程。

總之，在文藝構思，考慮語言文字的藝術的運用時，一定要從全局的體統著想，命意謀篇，分章造句以結言聯辭。這樣組織作品基構的過程，可說是建立文骨的過程——「結言端直，則文骨成焉」（風骨）。

在為文過程，建立文骨是以作品整體結構的條理分明及文辭與文義的恰合為目的。

依《文心雕龍》，在運用語言文字，不僅講究建立文骨的方法，同時講究為塑造藝術形象的，各種運用語言文字的方法和技巧。它是飾美及適用文辭，以烘托情意（審美意象），從此造成文風（感人之力）及藻采（美麗的外在形式）的方法和技巧（註十四）。

所謂藝術表現方法和技巧可說產生於在藝術構思，其中所考慮如何藝術地運用語言文字的過程。藝術構思本身藉著想像（聯想）而所進行的思維活動。所以，從此導出的藝術表現方法幾乎都是借助於想像（聯想）以塑造藝術形象的方法。

出於文藝想像活動以構成藝術形象的基本表現方法，劉勰稱之爲比興。在創造藝術語言，不可能也不必要用語言將所要傳達情意，直接全部表明出來。比和興的用法，都在不直接描寫或敘述情意而是間接地托物取喻以烘托審美意象，從此塑造出藝術形象，並且獲得語言文字表現的最佳藝術效果。

依《文心雕龍》，比和興皆是借助物象，並由此而展開藝術想像以構思和創造藝術形象，從而寄托由對外界的審美體驗而來的情意（審美意象）的，其藝術表現方法——「觸物圓覽」「擬容取心」（比興）。即比和興可說都屬於具有「言在此而意在彼」性質的譬喩法。但由作者用譬喩的心志不同——「蓋隨時之義不一，故詩人之志有二也」（比興），其具體運用方法其所呈現藝術效果有所不同——「比顯而興隱」（同上）。

首先，就「比」而言，「比者，附也」「附理者切類以指事」「附理故比例以生」「比則蓄憤以斥言」「且何謂爲比。蓋寫物以附意，颺言以切事者也。」（比興）。依此看來，比是運用貼切的物類來比附心意，或誇張的語言來突出事理的方法。故從此可以得到更加鮮明、生動、富有形象性的表現效果——「比顯」。

劉勰將詩人（《詩經》的作者）所用比法，分爲二類，即以切合的事物「擬心」「譬事」的「比義」與以在心理引起類似聯想的事物「喻聲」「方貌」的「比類」，〈比興〉說：

故金錫以喻明德，珪璋以譬秀民，螟蛉以類教誨，蜩螗以寫號呼，澣衣以擬心憂，卷席以方志固，凡斯切象，皆比義也。至如麻衣如雪，兩驂如舞，若斯之類，皆比類者也。……夫比之爲義，取類不常：或喻於聲，或方於貌，或擬於心，或譬於事。宋玉高唐云：「纖條悲鳴，聲似竽籟」，此比聲之類也；枚乘菟園云：「焱焱紛紛，若塵埃之間白雲」，此則比貌之類也；賈生鵩賦云：「禍之與福，何異糾纆」，此以物比理者也；王褒洞簫云：「優柔溫潤，如慈父之畜子也」，此以聲比心也；馬融長笛云：「繁縟絡繹，范蔡之說也」，此以響比辯者也；張衡南都云：「起鄭舞，璽曳緒」，此以容比物者也。

由此看來，「比類」是爲擬其形容的比法，即聯結兩種事物的聲貌，以完成鮮明凸出的藝術形象之方法；「比義」是爲附意指事的比法，即將難於具現的心意及事理，用可見、可聽的具體事物來比喻它，讓人能在具體的事象中得到某種心意或道理。

「比類」「比義」的方法在具體地運用時，其比喻的類別繁多——「比類雖繁」，但「以切至爲貴」。即運用此法時，一定要做到「物雖胡越，合則肝膽」的地步，這樣才能使得藝術形象「如川之渙」的美（比興）。

再就「興」而言，「興者，起也」「起情者依微以擬議」「起情故興體以立」「興則環譬以記諷」「觀夫興之託諭，婉而成章，稱名也小，取類也大。」（比興）。

依此看來，「興體」由於詩文「觸物圓覽」——「情往似贈」（物色）而來的「興」——「興來如答」（同上），在此，作者（詩人）的「興」就可說是感物而引起的「情」與「物」的初步相融，從此激發起作者創作衝動的「起情」狀態。作者由「起情」而通過對觸發感情的事物的突出描寫以寄托情意，從而「興」的感興啓發的效用涉及到作品的「興體」。故作品中的「興體」亦具有「起情」的作用，這便是使得作品含有風力（感人之力）的基本因素。

以上是說明「興體」由來及其基本作用的。

就託物喻意的具體方法而言，興法是運用婉轉的譬喻，以構成「稱名也小，取類也大」——即其含意豐富的藝術語言的方法——「興隱」。在〈比興〉，舉運用興法的例文而言：

> 關雎有別，故后妃方德；尸鳩貞一，故夫人象義。義取其貞，無疑于夷禽；德貴其別，不嫌於鷙鳥；明而未融，故發注而後見也。

由此看來，對被託的物象的描寫很鮮明，但其物象的特徵與從此得到的喻義之間的聯系難於找出來。因爲被託的物象與譬義，表面上看起來似乎不相干。但興法的藝術效果正在被託的物與譬義之間的曖昧、朦朧的關係上面。在文藝作品，譬義並不一定愈明愈好。由於譬喻本身有暗示、象徵的成分，故借助豐富的想像（聯想）力，愈能把表面上看起來幾乎沒有關係的兩件東西關聯起來，就愈能讓人突然發現它們之間的相似性，因而愈能有新意。一個譬喻，帶有複雜含義的具體物象，允許讀者做各種可能而周全的理解，這樣的話，可說其譬喻具有令人引起聯想，而從此受感動的領域比較廣。換言之，那樣的譬喻不那麼早就變成難於令人感動的陳腐之言。依劉勰在此所舉的例子而言，劉勰按照漢人注釋本（《詩毛氏傳》）所取用的譬義也可說是，由發現被託的物象與譬義之間的關聯性而產生的含意。但依「興體」的藝術效果而言，其譬義不是一定限制於一種解釋。如果能發揮很大的聯想力，可能又發現得到另一種含意。但「興」的譬義雖然不必只有一種，但也不應該曖昧到允許任何解釋。換言之，其譬喻本身應要提出某些線索，引導讀者某些方向去了解它，這就是透過「物雖胡越，合則肝膽」的藝術工夫可以達成的地步。

由以上而言，比和興都是運用事物所擁有之可引起聯想的質性，而將要表現的情意（審美意象）並不直接說明，借用具體的事物來烘托出審美意象的譬喻法。但比是「寫物以附意，颺言以切事」，難免有夸毗之意味，不過由此亦可以造成生動、鮮明的藝術形象——「比顯」。興是「依微以擬議」「婉而成章」，故從此構成的藝術形象具有豐富的含義。於是，提供給讀者更多的聯想空間，從而可以造成「深文隱蔚，餘味曲包」（隱秀）的藝術效果——「興隱」。

依〈比興〉來看，劉勰雖對漢以來「比體雲構」「興體銷亡」而「辭人夸毗」的現象有所不滿，但他在〈比興〉中較注重的還是比體。這可能由漢以來追求「極聲貌以窮文」（詮賦）的文風，從漢賦到六朝山水詩文都重視可以造成生動、鮮明的藝術形象之比體，以致興體罕用，故難於詳述（註十五）。

劉勰對「辭人夸毗」的比體運用雖有貶義，但並不否定比體的運用及其藝術效果。不但不否定，也認爲爲塑造生動、鮮明的藝術形象，需要運用「颺言」——誇張的語言來描寫事物。於是，以强化凸現藝術形象的比法，提出了「夸飾」。

依〈夸飾〉而言其指意，夸飾可說是運用語言文字的形文聲文的特質而作誇張的形容——誇大的比喻，以求美飾其義，使藝術形象鮮明生動，情足意顯，從而獲得可以「發蘊而飛滯，披瞽而駭聾」〈夸飾〉的，强烈的藝術效果之表現方法。〈夸飾〉說：

> 夫形而上者謂之道，形而下者謂之器。神道難摹，精言不能追其極；形器易寫，壯辭可得喻其眞；才非短長，理自難易耳。故自天地以降，豫入聲貌，文辭所被，夸飾恆存。

在此，劉勰論述在寫作活動，運用夸飾是很自然的現象，並且說明運用夸飾的主要目的——以壯辭喩寫形器之眞。即將有形有聲的具體可感的事物，以誇張的語言描繪顯示其眞相，這就是夸飾的主要效用。故描寫天下具有聲貌的事物時，運用夸飾是常有的現象。

劉勰爲了證明「夸飾恆存」，舉出經書中運用夸飾的例子，〈夸飾〉說：

> 雖詩、書雅言，風俗訓世，事必宜廣，文亦過焉。是以言峻則嵩高極天，論狹則河不容舠，說多則子孫千億，稱少則民靡孑遺；襄陵舉滔天之目，倒戈立漂杵之論；辭雖已甚，其義無害也。且夫鴞音之醜，豈有泮林而變好？荼味之苦，寧以周原而成飴？並意深褒讚，故義成矯飾。大聖所錄，以垂憲章；孟軻所云：「說詩者不以文害辭，不以辭害意」也。

這不僅證明經書運用夸飾的事實，並且說明在經書所見運用夸飾而得到的結果——即其文辭雖過分，但在表達意義上並沒有妨害。從此看來，夸飾，其用意既然在動人耳目，不必合論理，也不必全符事實，只要不「以文害辭，以辭害意」，便可以盡量運用，令人在這誇大的比喻中，感到顯明深刻的印象。

依在前所述，動人耳目的夸飾表現方法，在「敷寫器象」——描繪事物時，最能發揮其藝術效果。故在注重描寫物象的漢賦及追求「巧似」的六朝山水詩文，運用夸飾的現象很顯明。〈通變〉說：「夫誇張聲貌，則漢初已極」；〈夸飾〉就漢以來，誇飾聲貌的實況而言：

至如氣貌山海，體勢宮殿，嵯峨揭業，熠燿焜煌之狀，光采煒煒而欲然，聲貌岌岌其將動矣；莫不因夸以成狀，沿飾而得奇也。於是後進之才，獎氣挾聲，軒翥而欲奮飛，騰擲而羞跼步，辭人煒燁，春藻不能程其豔；言在萎絕，寒谷未足成其凋；談歡則字與笑並，論感則聲共泣偕。

〈比興〉亦說：

至於揚班之倫，曹劉以下，圖狀山川，影寫雲物，莫不織綜比義，以敷其華，驚聽回視，資此効績。

從此可知，漢以來誇張聲貌文風之極盛，及其所達成的警心奪目的藝術效果。同時可知其藝術效果是，由將語言文字的形文聲文特質發揮到極點而完成的——「談歡則字與笑並，論感則聲共泣偕」。並且這便可說是「以壯辭喻寫形器之眞」的具體狀況。

劉勰雖然肯定漢以來夸飾之風所達成「驚聽回視」的藝術效果，但對辭賦由過分夸飾所造成「詭濫」現象有所不滿，從此提出其適當運用的規範，〈夸飾〉說：

然飾窮其要，則心聲鋒起；夸過其理，則名實兩乖。若能酌詩書之曠旨，剪揚馬之甚泰，使夸而有節，飾而不誣，亦可謂之懿也。

在文藝創作，運用夸飾時，作者在其文辭氣力的運用，沒有必須依照的準則——「夸飾在用，文豈循檢。言必鵬運，氣靡鴻漸。」（夸飾）。不過，夸飾必須以客觀事理或事物本身具有的特徵爲依據，而不是將它原來沒有的特徵加給它。即「虛用濫形」的話，就造成「事義睽刺」的結果。所以在運用夸飾，要準守「夸而有節，飾而不誣」——即不「以文害辭，以辭害意」的規範。準守其運用規範，雖夸飾到「倒海探珠，傾崑取琰」的「曠」「奢」地步，但便可說其表現「不溢」「無玷」（夸飾）。

在以上所論的比興和夸飾，雖然在其具體的運用方法及其藝術效果上有所不同，但它們都可說是憑借想像（聯想）的能力，用間接的方式——譬喻，拱托審美意象，從而構成藝術形象的，語言文字藝術的運用之技巧。

此外，以適用既成的語言材料以加深情趣或意味的方法，講究用典；還有爲完成藝術語言的對稱之美，講究對偶。

先就「用典」而言，用典可說是採取古籍中的故事或成語，用來說明或證明作者自己要論述的事義的方法，劉勰稱之爲「事類」，〈事類〉說：

> 事類者，蓋文章之外，據事以類義，援古以證今者也。

爲據古事以類證今義，取用其基本方式有二種：即「略舉人事以徵義」及「全引成辭以明理」。

那麼，這兩種基本方式在具體寫作上如何運用呢？劉勰從而提出了運用事類的幾種範式：〈事類〉說：

> 觀夫屈宋屬篇，號依詩人，雖引古事，而莫取舊辭。唯賈誼鵩賦，始用鶡冠之說；相如上林，撮引李斯之書；此萬分之一會也。及揚雄百官箴，頗酌於詩書；劉歆遂初賦，歷敘於紀傳；漸漸綜採矣。至於崔班張蔡，遂摭經史，華實布濩，因書立功，皆後人之範式也。

「雖引古事而莫取舊辭」、「漸漸綜採」、「遂摭經史；華實布濩，因書立功」皆可說是事類具體運用的範式。但它們所取用的事類，都要適當，才能以此「明理」「徵義」。

劉勰認爲事類的適當的運用，先要培養博觀與精練的工夫，不然，易於出現由「不知所出」的「寡聞之病」及以「改事失眞」的「不精之患」（事類）。故從而提出了事類的運用規範，〈事類〉說：

> 是以綜學在博，取事貴約，校練務精，捃理須覈。……凡用舊合機，不啻自其口出。

這樣運用事類，就可以由其「理得而義要」，發揮如「寸轄制輪，尺樞運關」（事類）的「以簡治繁」的效果。同時，事類適當的運用本於對古籍的博觀，所以，從而可以「增益文章之典贍氣氛」——

即可以加深作品的情趣和意味（註十六）。

再就對偶而言，對偶指語文中上下兩句，字數相等，句法相似，平仄相對。可說是一種構造句子的方式，並且可從其相等、相似、相對的構造方式可以獲得藝術語言的對比、對稱、平衡之美。劉勰將這樣的對偶稱之爲「麗辭」。那麼，這樣的造句方式是如何形成的呢？劉勰在〈麗辭〉說：

造化賦形，支體必雙，神理爲用，事不孤立。夫心生文辭，運裁百慮，高下相須，自然成對。

由此可以推論，自然事物都「不孤立」而「必雙」；作者「感物」而「心生」，於是，其感物過程中也受自然界事物成對的啓發，故由「心生」而進行的藝術構思——想象（聯想）思維活動——「運裁百慮」，其中亦自然追求「高下相須」，從而自然而然就構成對偶句子（註十七）。即對偶是受自然界的啓發；同時憑借想像（聯想）——藝術構思的主要思維方式，從而形成的。而其「啓發」「聯想」都是自然而然所發生的，故源此成立的對偶句子亦可說是自然形成的。總之，對偶句法的成立，在劉勰看來是自然的趨勢。

劉勰不僅說明對偶成立的原由，也提出對遇的類別及其運用方式。〈麗辭〉說：

故麗辭之體，凡有四對：言對爲易，事對爲難；反對爲優，正對爲劣。言對者，雙比空辭者也；事對者，並舉人驗者也；反對者，理殊趣合者也；正對者，事異義同者也。……凡偶辭胸臆，言對所以爲易也；徵人資學，事對所以爲難也；幽顯同志，反對所以爲優也；並貴共心，正對所以爲劣也。

照著用典與否，先分兩種——言對及事對，而事對再分正反之別，於是總爲四對。言對是「偶辭胸臆」，即順著心理的聯想自然形成的對偶，故較容易；事對是「徵人之學」，即運用典故而要造成「理得而義要」的對偶，故比較難。從而可知，四種對偶，隨著其運用方式，有難易優劣之別。但不管其難易優劣，對偶本身是爲追求對稱、對比之美的，一種造句方式。故要避免由同意重出所造成的「對句之駢枝」，及「若兩事相配，而優劣不均」的現象。從而劉勰提出了「精巧」「允當」的運用規範——即「必使理圓事密，聯璧其章，迭用奇偶，節以雜佩」（麗辭），這樣才能稱之謂「契機者入巧」。

劉勰在造成對偶，也要求創新，他以爲缺乏新意、奇辭的對偶不能引起美感：「若氣無奇類，文乏異采，碌碌麗辭，則昏睡耳目」（麗辭）。

由「契機」而「入巧」的對偶，便可以呈現「左提右挈，精味兼載」「炳爍聯華，鏡靜含態」「至潤雙流，如彼珩珮恙」（麗辭）的相對調和的美感。

其實。劉勰在此所論的麗辭，便是針對六朝（特別齊、梁之間）極盛的駢麗文而言的。當然，駢麗文的藝術特色不僅止於對偶。劉勰在其他篇章，探論過構成駢麗文的諸種因素——聲律、藻采、用事等。但對偶可說是駢麗文所以爲駢麗文的最大特色。即構成駢麗文的其他特色都呈現在對偶造句形式上面，從而造成「麗句與深采並流，偶意共逸韻俱發」（麗辭）的，情采兼備的完美的駢麗文。

由以上的論述可知，在「聯辭結采」——運用藝術媒介的過程，以治「繁略」及曉「隱顯」講求

「外文綺交，內義脈注，跗萼相銜，首尾一體」的，作品整體結構的秩序。同時運用各種藝術技巧，或以「隱」——婉曲的表現方式——如「興」；或以「顯」——鮮明、生動的表現方式——如「比」、「夸飾」，烘托審美意象；又以用典加强情趣意味；也以對偶造成對比、對稱之美。從而可以構成不僅令人感到耳目愉悅、並且讓人受感動而起情的，辭義彪炳的藝術語言——「情文」。

這樣看來，爲構造完美的藝術語言，所提出而詳論的，關于組織字句及烘托審美意象的，諸種方式及其運用規範，可說是以經書表現形式——繁、略、明、隱及其運用規範——「抑引隨時，變通會適」爲本，加以引伸而應用出來的。

並且對各種表現技巧與方法所提出的運用規範，也不外是基於在〈情采〉所講的藝術語言，其「情」（審美內容）之「約」與「眞」，及「采」（審美形式）之「適度」的運用規範，所設定的。

作者憑借想像，所進行的藝術構思，可說作者對「物」與「辭令」（語言文字）的美感活動。這兩種美感活動，從其客觀目的——創造完美的藝術形象來講，作者對「物」的審美活動可說是「以意稱物」的過程；而作者對「辭令」的美感活動可說是「以文逮意」的過程。

在文藝構思，「以意稱物」的過程雖很重要，不過，文藝美感得以完成，讓人欣賞，還得憑借以語言文字所構成的具體可感的藝術形象。這樣看來，文藝作品的巧拙就決定於「以文逮意」的過程。

劉勰明白了這一點，在整個「爲文之用心」過程，特別詳論，關於將語言文字如何運用，才能構成「辭義彪炳」的「情文」的諸種問題。

劉勰從語文字的質性——形、聲、義著手，論述以語言文字的形、聲質性可造成的形象美與音律美，其特色及運用規範。從而講求在〈情采〉所見的「形文」「聲文」，在構成藝術語言，所能發揮的，訴諸於耳目感官的，視、聽覺美感。

劉勰不僅注意構成文藝審美形式的基本因素——「形文」「聲文」，也重視使得作者表「情」，使得讀者「入情」，其可能的主因——語言文字表意、表情的功能及其限界。從而講究「外文綺交，內義脈注、跗萼相銜，首尾一體」的作品整體結構的秩序，同時爲烘托審美意象及其美化，講究各種藝術表現方法和技巧及其運用規範，從而提示在造成具有鮮明、生動的形象感及豐富含義的藝術語言，其中的語言文字的運作及其所呈現的美感效果。

總之，由語言文字的美感屬性所構成「形文」「聲文」，及烘托審美意象的各種藝術技巧，劉勰講究這些語言文字的藝術的運作法，其最終目的，仍在於塑造情采兼備的「情文」。因爲，情采兼備的「情文」，透過其美麗可感的審美形式及其所含有的審美內容，不但令人感到耳目感官的愉悅，同時讓人受感動而起情，從而使人體會心靈美感的滋味。這便是劉勰所認爲的，以塑造藝術語言要達成的藝術效果，並且這樣的藝術效果，便是由作者對語言文字的美感活動所豫設，故感動讀者之前，一定會先感動作者自己。

那麼，透過作者對「物」與「辭令」的感動——美感活動，所造成的完美的「情文」，它所呈現的「完美」，其具體審美形態或氣氛是怎樣的呢？這便涉及到文藝作品的風格問題。

【附註】：

註　一：《駢文學》（上冊），張仁青著，六四—八四頁。

註　二：有關中國語言文字的特質及其對中國文學的影響的論述參見於《永恆的巨流》（中國文化新論——根源篇）——〈心聲心畫——語言和文字〉，黃沛榮著，一七七—二三八頁。

註　三：其實例參見於同註一。

註　四：哲學上的言意之辨向文學創作中言意美學範疇的轉化參見於《中國古代文藝美學範疇》——〈言意論〉，曾祖蔭著，一九五—二〇八頁。

註　五：《中國詩學從横論》——〈一言多意說：劉若愚和梅祖麟對模稜的分析〉，黃維樑著，一五八頁。

註　六：高度暗示性的語言——文學的語言；純粹指示性的語言——科學語言，有關比較兩者的論述參見於《文學論》，韋勒克、華倫著，王夢鷗、許國衡譯，三三頁。

註　七：見於《文心雕龍研究論文選粹》，王更生編纂，四九四頁。

註　八：見於《文學與文心》——〈第二部，文心雕龍講義〉，程兆熊著，三〇〇頁。

註　九：同註八，三〇一頁。

註　十：同註七，四九五頁。

註十一：《詩論》——〈中國詩何以走上「律」的路（上）——賦對於詩的影響〉，朱光潛著，二〇七頁。

註十二：《文心雕龍註．聲律篇》，范文瀾註，五五九頁。

註十三：范文瀾《文心雕龍註．物色篇》說：「司馬相如〈上林賦〉『蕩蕩乎八川分流，相背而異態。……汩乎混流，順阿而下，赴隘陿之口，觸穹石，激堆埼。沸乎暴怒，洶洶彭湃，滭弗宓汩，偪側泌㴔……於是乎崇山矗矗，巃嵸崔巍，深林巨木，嶄巖嵾嵯，九嵕嶻嶭，南山峨峨，……』狀貌山川，皆連接數十百字，漢賦此類極多，所謂字必魚貫也。」

註十四：《文心雕龍．風骨篇》說：「詩總六義，風冠其首，斯乃化感之本源，志氣之符契也。」

註十五：黃侃先生在《文心雕龍札記．比興篇》說：「題云比興，實側注論比。漢以興義罕用，故難得而繁稱。」，一七〇頁。

註十六：關於以用典所獲得的藝術效果而言的「增益文章之典贍氣氛」這一句見於李曰剛先生的《文心雕龍斠詮．事類篇》，一六九三頁。

註十七：關於「受自然界事物的啓發」的詳論參見於同註一，五七—六〇頁。

第六章　作品風格的審美理想

——雅麗：風、骨、采的兼備

作者經過文學的心靈及其藝術的表現活動，產生出文藝作品。而作品透過其審美內容（情）與形式（采）呈現作品整體的藝術形態及其所提供的一種美的氣氛，這可以稱爲作品的風格（註一）。據此看來，作品的風格，以作者來說，是他創美活動的藝術效果；以讀者來說，是從作品所得的「一種總的感覺或印象」（註二）。讀者只有通過這種印象或氣氛，才能接觸到作者表現作品中的情趣和筆力，因此，作品的風格可說是作者讀者互相交通的橋樑，同時可以說是決定作品藝術價值的關鍵。因爲，一般來說，文學作品的藝術價值就決定於作品所呈現，其情采方面的藝術效果及由此可能引起的美感力量程度（參見本稿第一章）。

劉勰對情采兼備的完美的作品及其所具有的風格特點，有了清楚的認識，從而提出作品風格的審美理想。

而探討本章的目的並不在於詳細地探討《文心雕龍》的風格論（註三），而只在於從《文心雕龍

》所見作品風格的審美典範——「聖文之雅麗，銜華而佩實」（徵聖）及對作品整體的完美風格要求——「風清骨峻，篇體光華」（風骨）著眼，從而闡明具有藝術價值的完美的「情文」，它所呈現理想的審美風格及其特點。

第一節　作品風格的審美理想與典範
——「聖文之雅麗，銜華而佩實」

作者爲了表達情意而建言修辭，故作品的理想的審美風格，存在於將作品的審美內容（情）與形式（采）適當地配合的狀態之中。劉勰基於文質之間講求「彬彬」的傳統觀念提到「情」「采」的和諧，而劉勰所謂「文質相稱」（才略），所謂「雕琢其章，彬彬君子」（情采），便已是在文藝美學的意義上而不是倫理學的意義上繼承孔子的思想（註四）。但「文質彬彬」這句話的基本意義，不論用之於倫理學，還是用之於文藝美學，都在於無過無不及，適度用中的和諧。於是，劉勰取用了「彬彬」的適度用中的和諧觀念，以此表示文藝作品所能達到的最完美的境界。

劉勰透過「剖情析采」（序志）的工夫，不但對儒家文質和諧的傳統觀念採取了新的理解角度，而且從而可以導出文藝的眞與美結合的問題。

劉勰認爲完美作品的風格所要具備的特徵，在於其審美內容的眞實性與其審美形式的藝術性之結合。並且認爲這樣完美作品的風格特徵所具備的典範，見於經書的藝術語言。因爲，在劉勰，經書乃聖人以「心」觀「文」，體「道」之後，以「彪炳辭義」的語言文辭表現「道心」的著作，故經書的藝術語言，其基本特色在於「情信而辭巧」（徵聖），「情信」是求眞的結果；「辭巧」是求美的結果，故其審美內容（情）與形式（采）密合而達到眞與美和諧的完美的文藝風格境界。這不外是由「銜華而佩實」所呈現的經書的「雅麗」風格境界。

如此看來，經書的「雅麗」風格可以說是「心生而言立，言立而文明」的，產生文藝的「自然之道」，在作品風格的審美理想中的體現。換言之，要呈現理想的審美風格，其作品必須是「爲情而造文」的「體情之制」（情采），因爲這樣的作品，由在其創作過程，「率情」（養氣）「順機」（總術），就呈現情眞、采宜的，其審美內容與形式自然和諧的完美的作品風格。

「率情」，即「情性」自然「發而爲辭章」，可說是作品審美內容（情）眞實的前提；「順機」，即語言文字的運用合乎自然的趨勢——「因利騁節」（定勢），可說是作品審美形式（采）適當的前提。總之，在劉勰，作品風格的審美理想不外是作品透過其審美內容的眞實性與其審美形式的適當不過的美麗，所呈現的自然風貌。

就劉勰對作品自然風貌的審美風格理想，其具體內容而言，劉勰認爲宇宙萬物之「文」都「原道」而呈現調和的「自然之文」。「人文」中的「情文」（文藝作品），也本來是由人心自然流露而形成的「自然之文」，因此，它也必須「原道」，而要呈現自然和諧的美（文）。不過，劉勰在探討「

情文」時，所强調的「自然」，與宇宙萬物之「文」的「自然」，在其呈現過程上有所不同。劉勰對作品的風格要求自然風貌時的「自然」，並不是由不借人工雕琢的無爲自然而產生的自然樸素之文藝美，而是憑借高度的藝術功力而呈現的，不顯人爲痕跡的，典雅華麗的文藝美。即劉勰對作品風格所要求的「自然」，在作品本身的美感而言，並不反對人爲的雕琢而構成的光華、艷麗之美，而只在創美過程上，要求「率情」、「順機」，反對勉强的雕削，從而追求好像天成自然的，「情采自凝」（定勢）的作品風格境界。

如此由人爲所成的藝術作品看起來像自然才美的審美觀點，正如德國康德（I. Kant, 1724-1804）所謂「藝術只有在我們意識它是藝術但它又看起來像自然才可被稱爲美。」（註五）。劉昌元先生對康德的這種看法而言：「藝術品看起來像自然才美，是因爲這樣才可擺脫蓄意經營與刻畫的痕跡，使目的、完滿等概念不會介入我們的美感。」（註六）。黑格爾也在其《美學》提出類似的看法：「美作爲精神的作品就連在開始階段也要有已經發展的技巧，大量的研究和長久的練習。既簡單而又美這個理想的優點毋寧說是辛勤的結果，要經過多方面的轉化作用，把繁蕪的、駁雜的、混亂的、過分的、臃腫的因素一齊去掉，還要使這種勝利不露一絲辛苦經營的痕跡，然後美才自由自在地，不受阻撓地，彷彿天衣無縫似地湧現出來。這種情況有如一個有教養的人的風度，他所言所行都極簡單自然，自由自在，但他並非從開始就有這種簡單自由，而是修養成熟之後才達到這種爐火純青。」（註七）。

顯然，讓人感受天成自然的藝術美，便是作者長期修養和辛勤的結果。劉勰對作品風格所要求的「自然」，正是高度藝術功力的表現。故劉勰一直强調作者透過「摹體以定習，因性以練才」（體性）等的藝術修養，使其藝術功力達到熟練的階段，故〈神思〉說：「至精而後闡其妙，至變而後通其數。」即作者掌握文藝創作的規律及高度的表現技巧，就能在創作上達到「數逢其極，機入其巧」（總術）的出神入化的境界，那麼，其作品便可以呈現自然天成的美感風格。

而依《文心雕龍》，「自然」的表現特徵就是和諧，由劉勰的神思論（雕縟論包括在其內）可以看出，在文藝作品的情采自然調和的美感風格，便是由作者審美關係的心與物、心與語言文字的調和及進而在藝術語言結構的內部不同層次上各個面的互補與和諧來呈現的。從此可以知道，當劉勰提出「爲情而造文」時，他實際上也提出了自己對作品風格的審美理想，只有遵循著「爲情而造文」的創作規律，可以創造出「情性」自然生發而爲「辭章」的「自然」的作品，而這樣的作品才能符合作品風格的審美理想——「情信而辭巧」的「雅麗」風格。簡言之，劉勰所提出的「自然」，不僅貫串於文藝產生論、作者創美心靈活動論、也貫串著作品風格的審美理想論。

再就作品風格的審美理想典範而言，劉勰以爲，聖人運用美巧合宜的語言文字——「組織辭令」，窮盡才性與情志——「雕琢情性」，從而完成的經書便是「銜華而佩實」的完美的「情文」典型，故經書所呈現的「雅麗」風格，就是所有後代因情敷采的作者需要揣摩學習的風格典範。

在〈體性〉，在肯定作者個人作風「各師成心，其異如面」的前提下，作品風格的基本類型歸納爲八大類：

若總其歸塗，則數窮八體：一曰典雅，二曰遠奧，三曰：精約，四曰：顯附，五曰：繁縟，六曰：壯麗，七曰：新奇，八曰：輕靡。典雅者，鎔式經誥，方軌儒門者也。遠奧者，複采曲文，經理玄宗者也；精約者，覈字省句，剖析毫釐者也；顯附者，辭直義暢，切理厭心者也；繁縟者，博喻釀采，煒燁枝派者也；壯麗者，高論宏裁，卓爍異采者也；新奇者，擯古競今，危側趣詭者也；輕靡者，浮文弱植，縹緲附俗者也。

劉勰以作品所呈現風格的基本類型提出這八類，於是，看來劉勰對這八種風格沒有下定了明確的價值判斷，並且認爲由這八種風格隨著作者才氣學習的不同而形成不同組合——「八體屢遷」，會顯示出多種多樣的風格。雖然如此，在劉勰，八種風格基本類型中，由「鎔式經誥」所呈現「典雅」，仍可說是爲了貫通八體而呈現適當風格，該先要學習的作品風格典範，故〈體性〉說：

故童子雕琢，必先雅製，沿根討葉，思轉自圓，八體雖殊，會通合數，得其環中，則輻輳相成。

黃侃《文心雕龍札記・體性篇》對「典雅」而言：「義歸正直，辭取雅馴，皆入此類」。換言之，具有「典雅」這一風格的作品，在其內容與形式上都合乎情眞、采宜的審美規範，從而呈現高尙不落俗氣的意趣和修辭之美。這便是經書的藝術語言風格特徵，故「模經爲式」就可「自入典雅之懿」（定勢），而如此，才能完成「雅麗黼黻」（體性）的完美風格。

「雅麗」是劉勰心目中的審美風格理想，故劉勰對各種文類，其審美形式與內容方面的客觀風格要求中，也多見以「雅麗」爲審美理想，如〈明詩〉說：

若夫四言正體，則雅潤爲本，五言流調，則清麗居宗。

〈詮賦〉說：

原夫登高之旨，蓋覩物興情。情以物興，故義必明雅；物以情觀，故詞必巧麗。

〈章表〉說：

是以章式炳貴，志在典謨，使要而非略，明而不淺。表體多包，情位屢遷，必雅義以扇其風，清文以馳其麗。

從以上所探論內容來看，經書是由其「義既挺乎性情」（情眞）與其「辭亦匠於文理」（采宜），可以稱爲「性靈鎔匠，文章奧府」（宗經），故它在其文章風格上集中地體現了審美理想。那麼，體現審美理想的經書的「雅麗」風格，在怎樣的具體情采結構和實際表現特徵上呈現呢？要探討這個問題，應該注意的便是劉勰所謂「宗經六義」，在〈宗經〉說：

若稟經以製式，酌雅以富言，是即山而鑄銅，煑海而爲鹽也。故文能宗經，體有六義：一則情深而不詭，二則風清而不雜，三則事信而不誕，四則義直而不回，五則體約而不蕪，六則文麗而不淫。

「六義」一方面可以說以經爲宗建言修辭所得的藝術效果。就是說如果作者在進行創美活動時，能夠以經書爲創作典範，「製式」「富言」的話，其作品就能在這六個方面獲得很高的藝術成就，從而可以完成作品的審美理想。但另一方面，由這「六義」可以窺見完美的「情文」典範——經書，其情采自然和諧的「雅麗」風格所具有的，較實際的審美形式與內容方面的特徵。「六義」的前四點，偏重於作品的審美內容，後二點側重於作品的審美形式。不過，這六種特點不是各個獨立的，而是彼此緊密地連繫著的。

「情深而不詭」，是針對作品審美內容的眞實性而言的。審美內容眞實性的前提不外是「志思蓄憤」，從而「吟詠情性」，即「爲情而造文」，如此，才能「寫眞」，從而，作品的情感內容，既深摯又眞實。

「風淸而不雜」，是對作品的感人力量而言的。（有關「風」的詳論見於本章第二節）作品的情感內容眞實，那麼，其感人的作用也純正——「風淸」。以此看來，「風淸」便是與「情深」有直接相關的作品風格特點。

「事信而不誕」，是對作品中引用的故事或成語具有可信度，不會有「引事乖謬」或「改事失眞」（事類）的錯誤而言的。

「義直而不回」，是對作品內容，其意義的正確而言的。經書的「義」是「挺乎性情」，〈明詩〉說：「詩者，持也，持人情性；三百之蔽，義歸無邪，持之爲訓，有符焉爾。」可見「義直而不回」就指「義歸無邪」。它與「持人情性」相呼應，也正指作品中含有可以讓人陶冶情性的正大意義。

「體約而不蕪」，是對作品整體結構要約明暢而言的。〈徵聖〉說：「書云辭尚體要，不惟好異」；〈論說〉說：「若毛公之訓詩，安國之傳書，鄭君之釋禮，王弼之解易，要約明暢，可爲式矣」；〈詮賦〉說：「逐末之儔，蔑棄其本，雖讀千賦，愈惑體要」；〈議對〉說：「文以辨潔爲能，不以繁縟爲巧；事以明覈爲美，不以深隱爲奇，此綱領之大要也」；〈風骨〉說：「周書云辭尚體要，不惟好異，蓋防文濫也」。由此看來，劉勰從經書所把握的「體約」，爲了呈現完美的作品風格，不可缺少的特點。換言之，它也是「爲情而造文」的「體情之制」（情文）自然所具備的風格特點——「爲情者要約而寫眞」（情采）。

「文麗而不淫」，是對合乎審美形式規範（適度）的作品修飾之美而言的。這亦是由「爲情而造文」的，因爲從反面來講「爲文而造情」者的「文」是「淫麗而煩濫」（情采）。

由此看來，完美的作品所呈現的「雅麗」風格及其審美內容與形式方面的特點——「六義」便是「爲情而造文」，即順著產生文藝的自然之道而創作，從而可以呈現的作品風格境界。換句話說，「爲情而造文」的「體情之制」，必定具有情眞、風清、事信、義直、體約、文麗的，情采自然和諧的結構和表現特色。

總之，完美的「情文」，正是「情性」自然「發而爲辭章」的，故其作品的情眞、采宜，從而呈現「情信而辭巧」的，情采自然和諧的「雅麗」風格境界。

劉勰不僅從經書的藝術成就歸納出「雅麗」，這審美風格理想及其所呈現的作品情采方面的特點

——「六義」，而且在與「六義」有著密切的內在聯繫之下，進而提出對完美作品，其整體風格的客觀要求——「風」、「骨」、「采」。而透過劉勰對作品整體的客觀風格要求，可以更具體地把握劉勰對作品風格的審美理想。

第二節　對完美作品整體風格的客觀要求
——「風清骨峻，篇體光華」

劉勰對「風」、「骨」與「采」的論述，不但表明他對完美文藝作品構成的要件的認識，同時也顯示他所追求的作品風格的審美理想。

「風」、「骨」與「采」在劉勰看來是既有區別，又不可分地聯繫在一起。因此，爲了從審美理想這個角度來分析三者，需要先分別地考察三者在劉勰的作品風格的審美理想所具有意義，然後再看它們怎樣相互聯結在一起，從而構成完美的作品風格整體。再後，探討「風」、「骨」與「采」和「六義」的關係，由此，綜合地闡明透過《文心雕龍》全篇一脈相承的作品風格的審美理想。

首先就作品的「風」而言，從專論「風」、「骨」的篇章〈風骨〉所見有關「風」的敘述如下：

詩總六義，風冠其首，斯乃化感之本源，志氣之符契也。是以怊悵述情，必始乎風。

深乎風者，述情必顯。

情之含風，猶形之包氣。

意氣駿爽，則文風清焉。

思不環周，索莫乏氣，則無風之驗也。

《毛詩・序》說：「風，風也，教也；風以動之，教以化之。」在此所講的是詩的感染教化作用。這便是劉勰對「風」在文藝作品所具有意義所取的最基本的理解，故說「詩總六義，風冠其首」。並且劉勰又認爲作品的感化力量是由作者思想意識及生命活力的眞實表現，故作品具有的「風」不僅可說是「化感之本源」，也可說是「志氣之符契」。而〈樂府〉所說：「志感絲篁，氣變金石：是以師曠覘風於盛衰，季札鑒微於興廢，精之至也。」這便可當爲對藝術作品所具有「風」的注解。

既然文藝作品是人感情的發揮，那麼在作品所有的影響性因素裡，感情是最重要的一部分。如果沒有引起人感情共鳴的內在感染力量，那種文藝作品就可說是不會有多大的審美價值和表現力。劉勰明白了這個道理，所以說「述情」必須「始乎風」，而「深乎風」才能「情顯」。即從作者的「述情」到在作品「情顯」，都與「風」有密切的關係。簡言之，當文藝作品透過「率志委和」而達到了「理融而情暢」（養氣）——「情顯」的藝術成就高度時，必然具有感化之力量——「風」的特點。如此看來，所謂「風」便指作品所呈現情感活力的現象。

作品的「風」是從作者情感中來的，而劉勰又認爲產出「風」的「情」是直接與「氣」相聯的—

「情與氣偕」（風骨）。有「情」即有與之相伴隨的「氣」，反過來說，有「氣」也即意味著有「情」。在此，劉勰所謂的「氣」，是從曹丕《典論、論文》中的「文以氣爲主」而來的，它一方面指作者的氣，即與作者天賦的氣質、個性相關的生命活力，屬於內；另一方面也指作品的氣，即當作者的氣質、個性等生命活力表現於作品時，所顯示出來的藝術語言的氣勢、力量，屬於外。據此看來，不管作者的氣或作品的氣都與「風」有密切的關係。甚至可以說，作品的氣勢和力量就顯示那作品具有「風」。於是，劉勰在〈風骨〉和〈定勢〉引述曹丕的看法而闡明了「重氣之旨」：

> 故魏文稱：「文以氣爲主，氣之清濁有體，不可力強而致」；故其論孔融，則云：「體氣高妙」；論徐幹，則云：「時有齊氣」；論劉楨，則云：「有逸氣」。公幹亦云：「孔氏卓卓，信含異氣，筆墨之性，殆不可勝」，並重氣之旨也。（風骨）

> 劉楨云：「文之體指貴強，使其辭已盡而勢有餘，天下一人耳，不可得也」。公幹所談，頗亦兼氣。然文之任勢，勢有剛柔，不必壯言慷慨，乃稱勢也。（定勢）。

劉勰對這個「重氣之旨」有了深切的了解，認爲「氣以實志，志以定言」（體性），主張「綴慮裁篇，務盈守氣」（風骨）。即作者在創作時就必須「情與氣偕」，無「氣」之「情」是不能產生作品的「風」。總之，「氣」是發自作者的生命活力，賦予作品以生命和氣勢的力量。因此，作品的「風」與「氣」分不開，不能離開「氣」去講「風」。故黃侃先生在其《文心雕龍札記・體性篇》說：「風趣即風氣。或稱風氣，或稱風力，或稱體氣，或稱風辭，或稱意氣，皆同一義。」

而由作者的「氣」來的作品的「風趣」（勢），因作者「氣」之不同而不同——「氣有剛柔」「風趣剛柔，寧或改其氣」（體性）「勢有剛柔」。據此看來，作品的風趣活力也可說是作品創造性的標識——「輝光乃新」（風骨）。

作品的創造性由作者的創美心靈活動來決定，故作品的「風」與「神思」的靈活運轉也有關係。劉勰反面的說明「神思」與作品「風」的關係：「志氣」是「神思」的關鍵，故「思不環周」就不免「索莫乏氣」，從而作品就缺乏風趣活力了。

由此看來，作品的「風」是作者志氣的外在顯現，即作者駿爽的意氣和充沛的激情在作品中的體現，從而呈現作品的獨創面貌，使作品具有强烈的感化力量。因此，「風」可以說在「述情必顯」的完美「情文」中不可缺少的要件。

再就作品的「骨」而言，在〈風骨〉所見有關「骨」的敘述如下：

> 沈吟鋪辭，莫先於骨。
>
> 故練於骨者，析辭必精。
>
> 故辭之待骨，如體之樹骸。
>
> 結言端直，則文骨成焉。
>
> 若瘠義肥辭，繁雜失統，則無骨之徵也。

作品的情感一定透過語言文字的結構而呈現，故爲了闡明情感，一定要以恰當的語言文字結構顯示表現活力，這種表現活力可說是作品的「骨」，故說：「沈吟鋪辭，莫先於骨」「辭之待骨，如體之樹骸」。「骨」與「鋪辭」相關，而「鋪辭」時將作品的辭義適當地安排，從而才能建構「會詞切理」（附會）「理得而辭中」（詔策）的「原始要終，體必鱗次」（章句）的，作品嚴密的體系——「辭與體並」（風骨）。

如此看來，作品的「骨」就指由語言文字運用得準確及作品整體結構的完整的秩序來的表現活力。因此，作品的「骨」也是在「外文綺交，內義脈注」（章句）的完美的「情文」不可缺少的要件。

就作品的「采」而言，劉勰通過《文心雕龍》全書一直很重視藝術語言的外在形式。劉勰與「風」、「骨」並提的「采」就指「風辭」「骨采」的「辭采」，即作品的審美形式——「外文」（章句）。〈風骨〉說：「若風骨乏采，則鷙集翰林」。劉勰認爲作品既然有「風」和「骨」，但缺乏「采」，就像鷹隼一樣，雖然「翰飛戾天，骨勁而氣猛」，但卻沒有美麗豐富的羽毛——文采。劉勰的這種說法，就再表現了他對作品美麗文采的重視。據此而言，作品的「采」就指透過語言文字的藝術的運用而呈現的修飾之美——作品的可感形象之美。因此，「采」當然是「以雕縟成體」的完美「情文」不可缺少的要件。

由以上有關「風」、「骨」與「采」在作品中所具有的意義的敘述來看，它們在作品呈現的藝術效果可以分別說明。不過，在劉勰，對一個作品的整體而言，在它們三者互相有機的關聯之下，才能呈現完美作品的風格理想。即一個作品一定具有「風」、「骨」、「采」，才能稱爲情采兼備的完美的作品。反過來講，作品的「風」、「骨」與「采」就是完美「情文」的具體審美要件。〈風骨〉說：

> 夫翬翟備色，而翾翥百步，肌豐而力沈也；鷹隼乏采，而翰飛戾天，骨勁而氣猛也。文章才力，有似于此。若風骨乏采，則鷙集翰林；采乏風骨，則雉竄文囿；唯藻耀而高翔，固文章之鳴鳳也。

劉勰在此，用鷹隼、翬翟、鳳凰這三個形象，生動地描述了「風」、「骨」與「采」的關係，「風骨乏采」或「采乏風骨」都是不可取的。劉勰的理想是如「鳴鳳」，「藻耀而高翔」，既有光耀美麗的文采，又有强烈的筆勢與感人力量。於是，在劉勰，「風」、「骨」與「采」是作品獲得審美價值的又根本又重要的因素。

劉勰雖然認爲完美的作品風格是具備「風」、「骨」與「采」三者，但在劉勰當時文風看來，對作品「采」方面的要求不必一再强調，因爲齊、梁時期，對藝術語言形式方面所下的工夫，已經達到了高峰，反而過分重視文藝的形式美。因此，劉勰比「采」更多强調「風」、「骨」在作品的作用及其重要性。在〈風骨〉，論述「風」「骨」在作品中的作用，從反面說：

> 若辭藻克贍，風骨不飛，則振采失鮮，負聲無力。

從正面說：

> 是以綴慮裁篇，務盈守氣，剛健既實，輝光乃新。其爲文用，譬征鳥之使翼也。捶字堅而難移

，結響凝而不滯，此風骨之力也。

「風」指的是作者個人情志活力經過反省、醞釀，透過作品在情趣方面的表現，而呈現出的感染力。它所重視的是風趣的清逸及情意的摯厚。「骨」指的是作者情思運裁的能力，透過作品在事義方面的組織而呈現出的文辭結構。它所重視的是立義之嚴密及鋪辭的精確。

據此看來，作品中的「風」「骨」，眞的是像飛鳥的翅膀一樣，賦予作品以新鮮活力，從而使作品獲得既剛健又輝光的生命力。因此，劉勰不僅在〈風骨〉專門討論「風」「骨」在作品中的重要性，而且在《文心雕龍》全書反覆地描述了作品的飛動氣勢和力量，或說明「風骨不飛」是作品失敗的表現，從而正面、反面地强調「風」「骨」在作品中的作用和必要性。首先看從正面描述作品的氣勢和力量的例子如下：

相如賦仙，氣號凌雲，蔚爲辭宗，乃其風力遒也。（風骨）

昔潘勗錫魏，思摹經典，群才韜筆，乃其骨髓峻也。（同上）

輝音峻舉，鴻風遠蹈。騰義飛辭，渙其大號。（詔策）

必事昭而理辨，氣盛而辭斷，此其要也。（檄移）

至如文舉之薦禰衡，氣揚采飛。（章表）

章以造闕，風矩應明，表以致策，骨采宜耀。（同上）

故位在鷙擊，砥礪其氣，必使筆端振風，簡上凝霜者也。（奏啓）

不畏彊禦，氣流墨中，無縱詭隨，聲動簡外。（同上）

皁飾司直，肅清風禁。筆銳千將，墨含淳酖。（同上）

再看從反面描述而强調「風」「骨」的必要性，其例子如下：

遂使繁華損枝，膏腴害骨，無實風軌，莫益勸戒。（詮賦）

至於邯鄲受命，攀響前聲，風末力寡，輯韻成頌；雖文理順序，而不能奮飛。（封禪）

及陸機斷議，亦有鋒穎，而腴辭弗剪，頗累文骨。（議對）

魏、晉淺而綺，宋初訛而新。從質及訛，彌近彌澹。何則？競今疏古，風末氣衰也。（通變）

李尤賦銘，志慕鴻裁，而才力沈腿，垂翼不飛。（才略）

劉勰一直這麼重視作品風力和骨力，因此，提出風骨的另一層重要意義：即作爲有價值作品創造的基本條件。在〈風骨〉，從反面說：

若骨采未圓，風辭未練，而跨略舊規，馳騖新作，雖獲巧意，危敗亦多。

從正面說：

若能確乎正式，使文明以健，則風清骨峻，篇體光華。

劉勰對作品的「風」「骨」與「采」的要求，亦是在肯定文藝創變規律的前提下，所提出的，即是對個別作者的作品所提出的要求，故有關「風」「骨」與「采」的討論，也涉及到文藝作品的創新問題。於是，劉勰爲完成「風清骨峻，篇體光華」的作品風格，所提示的途徑，便是「昭體」「曉變」的學習工夫。作者的藝術修養工夫已在前面神思論講過，故在此只從認識文藝創變的正道而討論學習工夫。在〈風骨〉說：

若夫鎔鑄經典之範，翔集子史之術，洞曉情變，曲昭文體，然後能孚甲新意，雕畫奇辭。昭體故意新而不亂，曉變故辭奇而不黷。

由此看來，劉勰並不是一味反對「意新」「辭奇」的作品的「新」「奇」面貌。在此所謂「新意」「奇辭」，是符合「風」「骨」要求的「新」「奇」，這與《文心雕龍》其他篇中所批評的「逐奇」「穿鑿取新」（定勢），是有區別的。當時所追求的「新」「奇」是由「競今疏古」「風末氣衰」（通變）的「新」「奇」，即當時所力主的是「意新而亂」之「新」與「辭奇而黷」之「奇」，這才是劉勰所反對的。從而劉勰提出「斟酌乎質文之間，而檃括乎雅俗之際」（通變）的通變之術，這便是爲了呈現「意新而不亂，辭奇而不黷」作品的，「執正以馭奇」（定勢）的文藝創變的規律。並且這規律由「昭體」「曉變」是可以獲得的。

既然透過學習「昭體」、「曉變」，那麼，傳統當中什麼作品可作爲學習的典範？雖然「博覽精閱」（通變）以積學，但最好的學習典範還是經書，「鎔鑄經典之範」，能從經書中磨練，學習傳統之法式而不泥於古，就能創作「不亂」「不黷」的作品。經書是「情信而辭巧」「銜華而佩實」而呈現「雅麗」的作品風格。因此，可以作爲「含章之玉牒，秉文之金科」（徵聖）。於是，劉勰論述各種文類的創作原則時，主張宗經以求完美的作品風格，〈章表〉說：「章式炳賁，志在經典，使要而非略，明而不淺」；〈封禪〉也說：「樹骨以訓典之區，選言於宏富之路」；〈史傳〉亦說：「立義選言，宜依經以樹則」。這些例子皆表明經書是爲「昭體」學習的最理想的模範。

「翔集子史之術」就指透過以前人的文變之術，學習以意新、辭奇來構造出創新面貌的方法，這便是「曉變」的路徑。

總之，透過學習的工夫「昭體」「曉變」，就雖構造出新意奇辭就會不亂不黷，不會違背文藝創變的正道。並且從而可以呈現出有風力、有骨鯁的「符采克炳」（風骨）的，作品風格的審美理想。

劉勰從對作品整體的風格要求的立場，完成「風」「骨」與「采」的理論體系。

稍後的鍾嶸在其《詩品》，以「風力」「丹彩」爲實際批評的準則。《詩品・序》說：

> 五言居文詞之要，是衆作之有滋味者也。……宏斯三義，酌而用之，幹之以風力，潤之以丹彩，使味之者無極，聞之者動心，是詩之至也。

鍾嶸在《詩品・序》將曹植與劉楨稱爲「文章之聖」，《詩品》評曹植說：

> 魏陳思王植，其原出於國風。骨氣奇高，詞采華茂；情兼雅怨，體被文質；粲溢今古，卓爾不群。嗟乎！陳思之於文章也，譬人倫之有周孔，鱗羽之有龍鳳，音樂之有琴笙，女工之有黼黻；俾爾懷鉛吮墨者，抱篇章而景慕，映餘暉以自燭。故孔氏之門如用詩，則公幹升堂，思

王入室，景陽潘陸自可坐於廊廡之間矣！（上品）

評劉楨說：

魏文學劉楨，其原出於古詩。仗氣愛奇，動多振絕，眞骨凌霜，高風跨俗。但氣過其文，雕潤恨少。然自陳思已下，楨稱獨步。（上品）

鍾嶸評「骨氣奇高」——「風力」與「詞采華茂」——「丹采」兼備的曹植的五言詩，稱爲「人倫之有周孔，鱗羽之有龍鳳」。至於劉楨，其五言詩也具有「眞骨」「高風」的「風力」，但「丹采」方面稍遜於曹植的藝術成就——「氣過其文，雕潤恨少」，故曹植「入室」，公幹「升堂」。

依此而言，鍾嶸所謂的「滋味」便是由「風力」與「丹彩」來的。即經過語言文字的藝術的運用所展示的情志活力與修飾之美，所給予人的一種感受。從此可以知道，鍾嶸對作品（五言詩）風格的最高審美理想，就是「風力」與「丹彩」的結合。

對作品的「風」「骨」與「采」的要求亦可見於《顏氏家訓・文章》：「文章當以理致爲心腎，氣調爲筋骨，事義爲皮膚，華麗爲冠冕」。「理致」、「氣調」、「事義」也指「風」「骨」，「華麗」就指「采」。

由此看來，「風」「骨」與「采」便可說是劉勰當時，有見識的文論家對完美作品的共同風格要求及最高審美理想。不過，以「風」「骨」與「采」爲獨立論題，從此所建立有體系的理論，只見於《文心雕龍》。

再就「風」「骨」與「采」與「六義」的關係而言，如果對「六義」作深入一層的探討，就會發現「六義」與「風」「骨」與「采」三個範疇有密切的內在聯繫。對「風」而言，「深乎風者，述情必顯」、「意氣駿爽，文風清焉」，是說作品的情感眞實深厚，風趣清明，這便是「六義」中的「情深而不詭」、「風清而不雜」；至於「骨」，「練於骨者，析辭必精」、「結言端直，則文骨成焉」，是談到作品整體結構的嚴密，作品內容的事義明確，就是「六義」中的「事信而不誕」、「義直而不回」及「體約而不蕪」；就「采」而言，「風骨乏采，則鷙集翰林」，但劉勰反對「習華隨侈」，這便是「六義」中的「文麗而不淫」。

如此看來，「風」「骨」與「采」便是爲了呈現完美作品的風格理想——「雅麗」及其情眞、采宜的結構和表現特徵——「六義」，對作品整體的客觀要求。

根據這一審美風格理想，劉勰所推舉，呈現完美風格的代表作，便是屈原的詞賦與曹植的詩歌等。

首先據〈辨騷〉而探論屈原作品的風格特徵，依本稿第三章有關屈原的論述而言，屈原是明白了文藝創變的規律，從此創造出奇而不失貞、華而不失實的作品。因此，班固評〈離騷〉而言：「文辭雅麗」。這足夠證明在劉勰，屈原的作品，是經書以來，最初呈現理想的審美風格——「銜華而佩實」的「雅麗」的個人作品。

劉勰描述屈原作品，其情采方面所呈現的風格特點：「故騷經、九章，朗麗以哀志；九歌、九辯，綺靡以傷情」。屈原是「驚才風逸」「壯志煙高」的作者，故其作品都是「爲情而造文」的，故「其敘情怨，則鬱伊而易感；述離居，則愴快而難懷」，這便說明其作品的情眞，故具有感人的力量；並且屈原「依雅頌」而樹立作品的「骨鯁」而後「自鑄偉辭」，故其文辭雖華麗、嶄新，但不會「使文滅質」，即采宜。屈原作品，其情采方面具備了這些特點，因此可以稱爲「金相玉式，艷溢錙毫」。於是，其作品的氣力勝於古人——「氣往轢古」，同時顯示了作品的創新面貌——「辭來切今」，並且這種辭氣都以「絕艷」的「驚采」來呈現。

從此可以說，屈原的作品乃具有「情信而辭巧」的「雅麗」風格及其具體特點——辭氣（風與骨），和驚采的呈現審美理想風格的個人代表作。

再論述曹植詩歌的風格特點。劉勰在〈明詩〉評曹植詩歌的藝術成就而言：

> 故平子得其雅，叔夜含其潤，茂先凝其清，景陽振其麗；兼善則子建仲宣，偏美則太沖公幹。

劉勰對曹植詩歌的這種評語與在前面已論過的鍾嶸對曹植五言詩的評語一起看來，曹植生在建安，建安時期的文人都「慷慨以任氣，磊落以使才」（明詩），故其作品自然易於具有「骨氣奇高」「情兼雅怨」的特點。「雅」就指義正，「清」就指風逸，「潤」「麗」就指文辭修飾之美——「詞采華茂」。

由此看來，曹植的詩歌，也可說是具有「風」、「骨」與「采」，從而呈現情眞、采宜的審美風格理想——「雅麗」的代表作。

完美的「情文」（文藝作品）正是「爲情而造文」的「體情之制」（情采），故它具有由合乎情采審美規範的，「情眞」、「采宜」而來的「情采自凝」（定勢）的審美風格特點。因此，它所顯出的總的氣氛便可說是情采自然和諧的「自然」。劉勰認爲這不外是由其「情信而辭巧」「銜華而佩實」所呈現經書的「雅麗」風格境界。於是，劉勰以經書的「雅麗」爲作品審美理想風格的典範，並且以「宗經六義」表明它所具有，較實際的審美內容——「情深」、「風清」、「事信」、「義直」與審美形式——「體約」、「文麗」方面的特點。進而在與「六義」有著密切的內在聯系之下，提出對完美的作品，其整體風格的客觀要求——「風」、「骨」、「采」。作品的「風」是作者志氣的外在顯現，因而呈現作品的獨創面貌，使作品具有强烈的感化力量。因此，「風」可說在「述情必顯」的完美的「情文」不可缺少的要件；作品的「骨」就指由立義的嚴密及鋪辭的精確而來的作品結構的凝集力。故「骨」也是在「外文綺交，內義脈注」（章句）的完美的「情文」不能沒有的要件；作品的「采」便指透過語言文字的藝術的運用而呈現的，可感的形象之美。因此，「采」也在「以雕縟成體」的完美的「情文」一定要具備的因素。即劉勰認爲在作品中具有各別重要意義的「風」、「骨」、「采」三者，在互相有機的結合之下，才能呈現「情采自凝」的理想的作品審美風格狀態——「雅麗」。

其實，劉勰所討論作品的「風」、「骨」與「采」，就完美地顯示出有價值的文藝作品所要具備的特點，即創造性、可感形象之美及引起美感的力量。而且在劉勰，這些特點都是情采適切的「自然」氣氛之下呈現的。如此看來，劉勰的作品風格的審美理想論，可以說已經具有相當普遍的美學意義，同時從此可以知道其審美理想的高度。

作品可說是從作者文學的心靈及其藝術的表現活動所產生的，其藝術表現形態的本身。作者在創作時，一定考慮其作品的藝術效果，這就顯出作者創作時，已經意識著讀者，即欣賞者。因此，有關作者的文學心靈活動創造出來的藝術表現形態本身——作品的探論，自然涉及到讀者，即欣賞者對作品的文學心靈活動。

【附註】：

註一：蔡英俊先生在其〈『風格』的界義及其與中國文學批評理念的關係〉中說：「『風格』一詞所以具有如此重大的批評或理論上的意義，主要是因爲每一位文學研究者在從事文學批評或理論的活動時，都必須關注到所謂的『整體性』的問題（不論是單一作品的『完整性』，或是一組作品的『整體性』）。」，見於《文心雕龍綜論》，三四七頁。

註二：程祥徽先生在其《語言風格初探》說：「風格提供一種氣氛，給人以一種總的感覺或印象」，一頁。

註二：見於註一程先生的說法。

註三：爲了專門探討《文心雕龍》的風格論，將從風格的定義開始，決定風格的主、客觀因素及風格的種類等諸種問題，都要論述。本章的主題不在此，故不涉及這些問題。對於《文心雕龍》風格論的細述，可參見於廖蔚卿先生的〈劉勰的風格論〉（收於《六朝文論》，一八五—二〇〇頁）及詹英先生的《文心雕龍的風格學》等著作。

註　四：《論語・雍也》說：「子曰：『質勝文則野，文勝質則史。文質彬彬，然後君子。』」在此所謂「文質彬彬」就是針對君子的人格修養而言的，故具有倫理學上的意義。

註　五：見於康德的《判斷力批評》四十五節，從劉昌元先生的〈論康德對美的分析〉（收於《西方美學導論》，四十一頁）轉引。

註　六：同註五。

註　七：《美學》（三），黑格爾著，朱光潛譯，五頁。

第七章　讀者的審美心靈活動

——披文以入情：味之不厭，歡然內懌

藝術價值可以說是作品本身所具有的。它指的是作品中能造成審美經驗的潛能。這些潛能在與讀者的鑒賞活動配合的條件下就能具體實現而成爲審美價值。故劉勰在〈知音〉說：「書亦國華，玩繹方美」，在此所謂「玩繹」可說就指讀者的鑒賞活動，即審美心靈活動。

讀者對作品的整個審美心靈活動而言，其過程，就是像作者感物興情而進行神思活動一般，讀者因作品而起情，根據自己的審美趣味、藝術見識及由此而來的對作品的理解的基礎上，通過聯想、想像思維，對作品進行再創造活動，構成審美意象，從此得到鑒賞美感。即作者創美活動與讀者的審美活動，從其美感心靈活動的共同特點來看，感受美的心路歷程是一致的。義大利美學家克羅齊（Penedetto Croce, 1866—1952）也認爲美屬於人心的活動，故據此觀念說：「我們可以看出批評和認識某某爲美底那個判斷的活動，與創造那美底活動相同。」（註一）只不過讀者審美經路是將作者創美過程次序的倒轉而已。

本章首先論述劉勰所把握的，讀者的審美經路與在鑒賞活動普遍地所出現因人而異的審美趣味及其感受的現象。然後，進而探討劉勰所提出爲正確把握而感受作品的藝術價值，讀者方面要具備的條件及以此得到的審美愉悅的具體內容。由此要闡明劉勰所探論的讀者鑒賞活動，其所具有的美學意義。

第一節　審美經路與因人而異的審美趣味及其感受

依《文心雕龍》，文藝活動，即作者的創美活動與讀者的審美活動的基本特性在於情感的交流，並且其情感交流的媒介就是語言文字的藝術的表現形態本身，即作品。作者憑借作品體現自己的情志，讀者透過作品體會作者所要表現的情志，〈知音〉說：

> 夫綴文者情動而辭發，觀文者披文以入情，沿波討源，雖幽必顯。世遠莫見其面，覘文輒見其心。

讀者鑒賞的對象是作者因情動而所發的「辭」，作品。作品是審美形式（采）與內容（情）的有機的統一體。據此可以說，讀者所披的「文」就指作品的審美形式；讀者所入的「情」便指作品的審美內容。作品對讀者的美感作用產生於透過「文」使讀者與作者的「心」「情」互相契合的關係。不過，這樣的以心見心的心靈美感，仍然必須奠基於語言文字的表現形式美感。讀者「覘文」才能「見心」

，先接觸作品的審美形式本身所提供的「入耳悅目」的感官美感，而後才能得到從把握作品的審美內容而來的心靈美感。故〈知音〉說：「譬春臺之熙眾人，樂餌之止過客」，這既表明讀者審美經驗，又顯示劉勰在探討鑒賞活動，不僅重視讀者對作者情志的把握和共鳴，也很重視讀者對作品藝術形式之美的感應。

一般來講，衡量作品審美價值的尺度，是看其審美形式在多大程度上完美地呈現了審美內容的豐富性，達到審美形式與內容適當的和諧境界與否。文藝審美形式是體現在語言文字的具體形象上，能爲讀者的審美感官所感知，即它具有形狀、音響等審美屬性，直接作用於讀者的視、聽感官，觸發讀者的審美活動。於是，讀者「諷誦則積在宮商，臨文則能歸乎字形矣」（練字）。

李澤厚先生以審美經驗的準備階段提出審美注意，就其特點而言：

審美注意就是審美態度碰到具體對象的時候，把注意力集中和停留在對象上面。這種注意力與一般的注意力不完全一樣，它主要是一種對於形象形式或結構的注意。……其特點就在各種心理因素傾注在、集中在對象形式本身，從而充分感受形式。線條、形狀、色彩、聲音、時間、空間、節奏、韻律、變化、平衡、統一、和諧或不和諧等等形式，結構的方面，便得到了充分的「注意」。讓感覺本身充分地享受對象形式方面的這些東西，並把主觀方面的各種心理因素如感情、想像、意念、願望、期待等等，自覺或不自覺地投入其中。（註二）

依李先生的說法來看，劉勰所謂審美經路中的「披文」過程可說是具有審美態度的讀者對作品形式結構本身的審美注意階段。

其實，就一般藝術審美活動而言，所有藝術作品除了其外在可感的形象所具有的內含或情意之外，其外在的藝術形象本身也就是讓人感到美的鑒賞對象。進而可說，藝術作品的特質就在於以由運用藝術媒介而構成的，具體可感的藝術形象來呈現其審美價值，故鑒賞藝術作品時，先注意其形式結構而被它吸引，這是自然的現象，也可說是對藝術作品進行審美活動時，特別凸出的現象。

劉勰在探討作者的爲文之用心時，多談語言文字的藝術加工問題，並且特別强調文學藝術的「形文」「聲文」，這就反映劉勰對文藝作品形式結構本身所能引起的美感的重視。因爲劉勰在「雕縟論」所强調的「形文」「聲文」都是屬於訴諸讀者感官而引起審美感受的文藝的基本形式層。

由此看來，讀者審美經路中的「披文」過程，並不只是爲「入情」的一個階段而已，也是讓讀者享受視、聽覺美感的，在文藝鑒賞不可缺少的審美活動過程。因此，讀者的審美活動始終不能離開對具體的形式美的感受。作品的具體可感的形式本身就是讀者審美的直接對象，即讀者審美活動的起點。換言之，「披文」的「文」是指作品直接提供給讀者感官美感的，具體可感的文藝形式結構本身，它是引起讀者美感的基礎，也是觸發讀者進行更廣泛、深入的審美聯想的條件。

讀者審美經路中的「入情」過程，便指作品的藝術表現形式所提供的聯想條件的基礎上，展開想像活動，從此把握和感受作品簡接提供給讀者的審美內容的過程。

劉勰雖然沒有專門探討讀者審美心靈活動中的神思論，不過從關於作者的神思活動及對藝術語言

「隱」「秀」特色的描述，可以推論在讀者「披文」「入情」的審美心靈活動中，想像、聯想思維介入的必然性。

作品是作者「感物」而「聯類不窮」的神思活動的產物，故讀者也借助想像活動，才能「瞻言而見貌，即字而知時」（物色）。

就藝術語言的「隱」「秀」特點而言，藝術語言基本上具有「秀」的特點，故它給讀者感到具體的藝術形象，它所提供的美感，可以說既直接、又明確；藝術語言又具有「隱」的特點，故它通過其具體可感的藝術形象來傳達多重的情意，引發讀者的想像和聯想，使讀者獲得多方面、多層次的感受，它所提供的美感，可以說既簡接、又不固定的。

據此看來，在文藝美感活動，沒有想像的介入，就沒有「情動辭發」的文藝創作，也沒有「披文入情」的文藝鑒賞。正如李澤厚先生所謂：「感知作爲審美的出發點，理解作爲審美的認識性因素，其中介、載體或展現形態，則是想像。……在審美欣賞中，對內在意義的理解不是靠概念而正是靠想像來聯繫的。」（註三）

就劉勰所探論的讀者審美活動，其具體內容而言，在劉勰，讀者的「披文以入情」的審美過程，便是透過「析辭」「綜理」（練字）而鑒別「理得而辭中」的作品，從而獲得審美愉悅的過程。因此，劉勰強調讀者爲「平理」「照辭」（知音），所需具備的敏銳的鑒賞力。〈知音〉說：

豈成篇之足深，患識照之目淺耳。夫志在山水，琴表其情，況形之筆端，理將焉匿。故心之照理，譬目之照形，目瞭則形無不分，心敏則理無不達。

劉勰認爲只要讀者具有精深的鑒賞能力，不管作品內含的深淺程度如何，都可以把握作品的情理。據此看來，心敏識高的讀者，才是劉勰心目中理想的鑒賞者。

不過，雖然是具有識照能力的讀者，他對作品的審美活動基本上仍是人心的活動，故在其感受作品客觀藝術價值的鑒賞過程，難免自己個人主觀詮釋的介入。其實，讀者憑借想像，聯想進行審美活動的現象，已經充分顯示審美活動的個別性與主觀性。讀者審美的主觀特性便助成不同的審美趣味及由此而來的審美感受的多樣性。這就表明讀者的審美活動並不只是被動的接受活動，也是由肯定讀者獨特的情感介入而所形成能動的感受活動。簡言之，「藝術欣賞是一種借助於聯想、想像的再創造性的審美活動。」（註四）正如杜威（John Dewey, 1859—1952）所謂「要感知某物，觀看者必須「創造」自己的經驗。……沒有再創造的活動，對象便不會作爲藝術作品地被感知。」（註五）

劉勰沒有正面地强調讀者審美心靈活動的主觀特性及其感受的多樣性。不過，由在《文心雕龍》所見關于作品的評論或批評審美主觀性的反面影響而提出的「無私於輕重，不偏于憎愛」（知音）等的要求，可推知劉勰已經認識而注意到了在鑒賞活動必然出現的因人而異的審美趣味及其感受問題。

因人而異的審美趣向或感受表現在面對同一作品，每一讀者採取不同的審美立場，去選擇、欣賞藝術作品中的某一形象及其體現出來的思想感情，就如由屈原宋玉以後的詞賦家對屈宋作品的模擬學習的現象，可以見到其審美重點和感受的個別性，〈辨騷〉說：

自九懷以下，遽躡其跡，而屈、宋逸步，莫之能追。……是以枚、賈追風以入麗，馬、揚沿波而得奇，其依被詞人，非一代也。故才高者菀其鴻裁，中巧者獵其豔辭，吟諷者銜其山川，童蒙者拾其香草。

鑒賞活動，總是通過每個審美主體（讀者）的複雜的心理活動進行的。因此，產生不同的審美感受和趣向的原因是多方面的；由於讀者的鑒賞經驗之不同、愛好興趣、思想感情相對偏重之不同以及在不同時間、地點之下、身心狀態之不同等。劉勰在此表明讀者才識和審美趣味之不同，對同一的作品，也就造成不同角度的審美認識。

劉勰在〈知音〉也顯示因讀者的不同個性而引起的審美感應的主觀性與多樣性：

慷慨者逆聲而擊節，醞籍者見密而高蹈，浮慧者觀綺而躍心，愛奇者聞詭而驚聽。

在六朝，由鑒賞批評風氣的興盛和對審美主體個人情感活動的重視，文論家注意到鑒賞活動時所產生的讀者審美趣向和感受不同的現象。曹植在〈與楊德祖書〉中較早揭示了這種審美趣味和感受的個別性：

人各有好尚：蘭茝蓀蕙之芳，衆人所好，而海畔有逐臭之夫；咸池六莖之發，衆人所共樂，而墨翟有非之之論；豈可同哉？（《文選》第四十二卷）

東晉葛洪更確認因個人偏好所產生的審美鑒賞上的差異是必然的現象，《抱朴子‧塞難》說：

妍蚩有定矣，而憎愛異情，故兩目不相為視焉；雅、鄭有素矣，而好惡不同，故兩耳不相為聽焉。而趣舍殊作，故兩心不相爲謀焉。眞僞有質矣，以醜爲美者有矣，以濁爲清者有矣，以失爲得者有矣。此三者，乖殊昭然，可知如此其易也，而彼此終不可得而一焉。

重視審美過程中的個人差異性的風氣，從其正面的意義來看，它標志著當時文士對審美活動的認識之深度和鑒賞理論發展的情況。不過，其反面的影響而言，一般讀者藝術見識之不足和客觀鑒賞準則的缺乏，就易造成由主觀偏狹的審美態度的「崇己抑人」的不良鑒賞風氣。六朝文論家，不僅從審美活動本質特性把握和肯定其主觀性，並且從其現象角度認識和反省其反面的影響。曹丕《典論・論文》說：

文人相輕，自古而然。傅毅之於班固，伯仲之間耳，而固小之，與弟超書曰：「武仲以能屬文爲蘭臺令史，下筆不能自休。」夫人善於自見，而文非一體，鮮能備善，是以各以所長，相輕所短。里語曰：「家有弊帚，享之千金。」斯不自見之患也。

曹丕列舉班固「崇己抑人」的事例說明「文人相輕，自古而然」的現象，而這種現象的根源是「各以所長，相輕所短」的偏狹的鑒賞態度。

葛洪《抱朴子・辭義》也說：

五味舛而並甘，衆色乖而皆麗，近人之情，愛同憎異，貴乎合己，賤於殊途。

劉勰對六朝重視讀者審美情感的個別性，同時反省其反面的影響的風氣，有所同感。而對「各照隅隙，鮮觀衢路」的論文風氣有所不滿，以「平理若衡，照辭如鏡」的「妙鑒」爲理想的鑒賞態度。

不過，劉勰也認爲客觀的「妙鑒」是難得的，故說：「文情難鑒，誰曰易分」。並且認爲「文情難鑒」的原因不只在讀者鑒賞的主觀條件，也在於作品呈現著美的客觀狀態。

首先就作品方面而言，「篇章雜沓，質文交加」，不僅作品的類別繁多，其表現風格的質樸和文華交結著，從而呈現「萬端之變」，故「音實難知」（知音）。因此，〈總術〉也說：

故知九變之貫匪窮，知言之選難備矣。……落落之玉，或亂乎石；碌碌之石，時似乎玉。精者要約，匱者亦尠；博者該贍，蕪者亦繁；辯者昭晳，淺者亦露；奧者複隱，詭者亦曲。

再就讀者方面而言，劉勰認爲不僅「音實難知」而且「知實難逢」（知音）。並且認爲「妙鑒」難得的主要原因在於讀者的審美偏好，〈知音〉說：

知多偏好，人莫圓該。……會己則嗟諷，異我則沮棄，各執一隅之解，欲擬萬端之變。所謂：「東向而望，不見西牆」也。

劉勰在此雖然肯定「知多偏好，人莫圓該」是在鑒賞作品時所出現一般現象，不過對從此引起的「會己則嗟風，異我則沮棄」的鑒賞現象有所不滿。於是，引述曹丕的話，說明「崇己抑人」的鑒賞態度不但助長「文人相輕」的鑒賞風氣，並且使作品的藝術價值遭受埋沒，〈知音〉說：

至於班固傅毅，文在伯仲，而固嗤毅云：「下筆不能自休」。及陳思論才，亦深排孔璋；敬禮請潤色，歎以爲美談，季緒好詆訶，方之於田巴，意亦見矣。故魏文稱：「文人相輕」，非虛談也。

劉勰以有關審美偏見的，要止揚的另一種鑒賞態度，提出了「貴古賤今」，〈知音〉說：

夫古來知音，多賤同而思古，所謂：「日進前而不御，遙聞聲而相思」也。昔儲說始出，子虛初成，秦皇漢武，恨不同時；既同時矣，則韓囚而馬輕，豈不明鑒同時之賤哉！

「妙鑒」難得的另外讀者鑒賞態度方面的原因，就是由讀者藝術見識的不足所引起的「信僞迷眞」的鑒賞態度，〈知音〉說：

至如君卿脣古，而謬欲論文，乃稱：「史遷著書，諮東方朔」，於是桓譚之徒，相顧嗤笑，彼實博徒，輕言負誚，況乎文士，可妄談哉。

讀者必須懂了一定的文藝規律，具有一定的鑒別和理解作品的能力，才能從審美上把握作品的客觀藝術價值。讀者審美見識的程度，不僅助成其感受深淺的差別，並且造成對作品理解的正確謬誤的區別。

據此看來，「文情難鑒」的讀者方面的原因，便在於由「知多偏好」及「學不逮文」（知音）所造成的，「褒貶任聲，抑揚過實」的過於主觀的審美態度。而這樣的審美態度就產生「鑒而弗精，翫而未覈」（辨騷）的鑒賞結果。

在劉勰，審美活動的特性在於作者和讀者之間的情感交流。作品是作者情志的客觀表現形態，即作品的語言文字表現形態（審美形式）就含有作者的情志（審美內容）。由此，讀者爲透過對作品的審美活動與作者交通，必須先接觸其審美形式所提供的視、聽覺美感，才能進而以心感受作者的情志，即審美內容。這就是劉勰所謂的「披文」而「入情」的審美經路。

劉勰不僅把握審美經路，也意識到讀者審美活動的主觀特性。而在劉勰當時，以由重視個人情感的風氣和鑒賞活動興盛的反面的影響結果，多出現了從缺乏藝術造詣、偏於個人趣向的，過於主觀、玉石混淆的不良鑒賞態度。劉勰認爲以這樣膚淺、偏見深厚的鑒賞態度，不僅下不了正確的審美判斷，也感受不到眞正的審美愉悅。從此，劉勰提出讀者藝術造詣的陪同下所進行的理想的審美活動及其感受境界。

第二節　深識鑒奧的藝術造詣及由此所得的鑒賞美感

劉勰認爲作品的審美價值有其客觀性，故透過鑒賞活動可以把握和感受它，故說「沿波討源，雖幽必顯」。因此，劉勰對因個別讀者的審美偏向而任意增損作品藝術價值的鑒賞態度有所不滿。據此看來，正確把握作品的審美價值，從而得到審美愉悅的，理想的鑒賞活動，將它可能的關鍵因素正在於讀者的鑒賞能力。於是，劉永濟先生《文心雕龍校釋・知音篇》也說：

> 文學之事，作者之處外，有讀者焉。假使作者之性情學術，才能識略，高矣美矣，其辭令華采，已盡工矣；而讀者識鑒之精粗，賞會之深淺，其間差異，有同天壤。此舍人所以『惆悵於知音』也。蓋作者往矣，其所述造，猶能綿綿不絕者，實賴精識之士，能默契於寸心，神遇

於千古也。

就劉勰對讀者所要求的鑒賞能力的意義而言，它不僅只指對作品的直接感受能力，並且指初步的直接感受發生之後，由客觀地分析、理解而所進行審美判斷的能力。池振周先生說：「我們實際欣賞藝術，發生感情的時候，不能說沒有理智的分子存在，於是感情活動之後，繼之便生出理智的活動來，因這理智活動的關係，就生出『判斷』的作用來。」（註六）審美判斷的能力，可以說決定作品藝術價值的重要關鍵，它是從一切作者創作上的諸要點，加以分析綜合而下的判斷，故其判斷能力及其確實的程度，須賴讀者的藝術素養而決定。於是，劉勰强調讀者，其廣博的學識和豐富的鑒賞閱歷等的藝術修養工夫，〈知音〉說：

凡操千曲而後曉聲，觀千劍而後識器；故圓照之象，務先博觀。閱喬岳以形培塿，酌滄波以喻畎澮，無私於輕重，不偏於憎愛，然後能平理若衡，照辭如鏡矣。

「操千曲」與「觀千劍」是「曉聲」與「識器」必不可少的前提條件。「圓照之象」是指對作品的全面考察和了解而言的，而且它是必須在「博觀」的基礎上面才可能的鑒賞水平。據此看來，讀者透過「博觀」的藝術修養，可以突破「知多偏好」「一隅之解」的局限，既能對作品的總體把握，又能對作品的微妙之處也心領神會，作品的得失所在也自然會明白。讀者藝術修養和審美態度達到這樣的地步，才能說具備了爲「知音」的鑒賞能力。

那麼，在審美活動，劉勰所謂「知音」其具體意義是什麼？那不外是指發現、理解而感到作品的

「異采」（獨創面貌）及其審美價值，〈知音〉說：

昔屈平有言：「文質疏內，眾不知余之異采」，見異唯知音耳。

藝術作品是個人創作的產物，故其中一定有其獨創的特點。沒有獨創特點的作品不算是具有藝術價值的。沒有成功的作品，正如劉勰所謂：「若氣無奇類，文乏異采，碌碌麗辭，則昏睡耳目。」（麗辭）不過，作品雖具有「異采」，沒有能夠「知音」的，具有鑒賞能力的讀者，就其藝術價值難於被肯定而接受。因爲作品「異采」的藝術價值，透過具有足夠的鑒賞能力的讀者對構成作品審美形式與內容的各部因素的互相關係的把握，才能被認識，被感受。反言之，發現而感受作品的獨創面貌，便是理想的文藝鑒賞活動的核心。陳世驤先生說：「我們相信要鑒賞時，須要認識一首詩的特殊性。因爲一首眞正成功的詩，無論它的主題如何平常，無論它的情感如何具有普遍性，它總一定要有它獨有的特殊地方，表示它獨有的特點，才能成爲一首活生生的，富有生命的詩。因爲好詩是活生生，有生命的個體所以我們了解它，也要和對了解一個活生生的人一樣。我們不但需要認識它外表的容貌、聲音和懂得表面的意思，而且還要了解它內在的、隱合的、各部成分的複雜相互關係。我們要像了解一個朋友一樣，不但只看他的面相，聽他說出來的話，還要更深的認識他的特別性情，了解它說一句話之背後要有什麼含蓄的情意。」（註七）陳先生雖針對詩而言，不過，對其他文類的作品的鑒賞也可說不例外。

據此看來，能否「知音」，即「見異」與否就從讀者敏銳的審美判斷能力。並且這能夠「曉聲」

「識器」的「心敏」，就是由「博觀」的藝術修養與「無私于輕重，不偏於憎愛」的審美態度所得來的。

那麼，讀者面對作品，從那些方面觀察，全面認識而下審美判斷，才能「見異」呢？劉勰提出讀者「閱文情」時所要觀察的六方面，〈知音〉說：

是以將閱文情，先標六觀：一觀位體，二觀置辭，三觀通變，四觀奇正，五觀事義，六觀宮商。斯術既形，則優劣見矣。

讀者從審美形式（采）與審美內容（情）兩方面品賞作品，這兩方面在審美活動中不能截然分開。劉勰所提出的「六觀」，其「觀」的直接對象雖是語言文字藝術的表現形式本身，而由「觀」而「感」的對象範疇不僅止於作品的審美形式，也涉及審美內容。於是，「六觀」可以稱爲「披文」——「沿波」而「入情」——「討源」的「閱文情」之術。而且由「六觀」，其每「觀」的重點來看，它是依據作者文學的心靈及其藝術化的創美原理而標舉的。因此，在與作者創美的諸般規律的聯關之下可以了解「六觀」在審美活動所具有的客觀意義，並且從此可解釋每「觀」的內容。

一觀位體：〈鎔裁〉中論鎔法三準，「草創鴻筆」的第一要點便是「設情以位體」。文藝作品是「五情發而爲辭章」的「情文」，所以「情理設位」之後才能「文采行乎其中」。故品鑒作品時首先要觀察作品是否「因情立體」，即觀是否合乎作品的情理（內容）來規範本體及其主旨是否明確。

二觀置辭：即觀語言文字的運用是否合適。從作品的整體結構觀察作品的語言文字表現，其簡繁是否合宜，及是否呈現首尾圓會、表裡一體的修辭表現。

三觀通變：文學藝術作品本身具有「創作」的質性，讀者的鑒賞的重點亦在於作品的「異采」，所以作品呈現獨創面貌與否可以說是決定作品藝術成就的標志。不過，只求「新變」，沒有「參古」的作品不算是具有生命力的、值得長久欣賞的作品。「變則堪久，通則不乏」，所以品鑒作品時，要觀作品是否「參伍因革」，從而呈現獨創的風格。

四觀奇正：作者懂了通變之術，才能正確地求新。作品雖呈現新的面貌，但其新的面貌——「奇」，「入於訛」的話，這並不算是合乎求新正道的作品。因此，作者創作時，新奇和雅正兼通，隨時適當地運用，才能不使作品「入於訛」。故要觀作品是否「執正馭奇」而顯示「意新而不亂、辭奇而不黷」的理想的嶄新風貌。

五觀事義：觀「酌事以取類」的適當與否，即典故、成語等語言材料運用是否理得事明。

六觀宮商：觀被使用的文字聲音是否完成協韻相應與平仄抑揚、以及雙疊清濁的排列等作品節奏的調和。

「閱文情」的終極目的可說在於「見異」。如此看來，可以「觀通變」爲六觀的中心。「位體」「置辭」就決定構成作品風格的兩大範疇——其審美內容（情）與形式（采），作品的獨創面貌都從這兩大範疇來呈現——「意新」與「辭奇」。「奇正」也是傳統的「正」與新變的「奇」，適當的運用問題。「事義」和「宮商」皆是運用語言文字的問題，故可以歸於「置辭」。因此，這「五觀」可以「通變」來概括。因爲，觀「通變」就意味著觀察作品是否合乎創變原理而自成一家的風格，從而呈現獨創面貌——「見異」。

由此看來，「六觀」便可說是爲品賞作品的藝術成就及其審美價值，從較客觀的分析角度觀察作品的方法。劉勰認爲讀者對作品的審美鑒賞，經過這樣的分析考察，對作品可以更深入地理解，並且這種理解，讓讀者更會享受作品其審美形式和內容方面所提供的美感，故說：「夫唯深識鑒奥，必歡然內懌」（知音）。劉勰所謂「深識鑒奥」可以說屬於審美過程中的一種理智的活動，但「歡然內懌」可說便屬於感情的活動。即從博見而來的深識，由「六觀」來鑒奥等，對作品的客觀、理智的觀察和認識，其最終目的，仍在於獲得審美愉悅——心靈美感。陳世驤先生說：「要鑒賞一首詩，我們的程序不是以分析開始的，也不是以分析爲終極目的的。在分析以前和終了以後，另有一番心靈作用，來著分析的過程而且幫助分析的過程。這心靈作用，無以名之，只好稱爲直覺作用。」接著，陳先生認爲：文藝鑒賞，始於直覺，繼之以分析，終於斯賓莎（Baruch後改名爲Benedictus Spinoza, 1632—1677）所謂「直覺知境」。詳細地說：詩與其他文學作品的欣賞，起初要以「直覺經驗」爲基礎，「立定一個興趣的焦點」；在進行分析時，「我們的直覺就暫時停起來，讓我們的客觀的，推理的官能去執行工作」；到最後，終於「這種感受變成了更有條理和秩序，我們的心靈對所經驗之美，更明確地驚醒，更了悟此種美感各部分的成份構成的微妙。」並且陳先生又認爲對作品的欣賞能夠達到「直覺智境」，一定要經過大努力的培養和陶冶（註八）。

陳先生所提出欣賞的三個階段，就可以作爲對劉勰所論述審美過程的簡明的注解。

劉勰所描述的「會己則嗟諷，異我則沮棄」的審美態度，可說是對作品「立定一個興趣的焦點」之後，對它直接反應的結果所引起的，即可以它視爲陳先生所謂初起「直覺的經驗」的階段。而這「直覺經驗」，可說是由對作品的初起「感」——情感活動而成立的。劉勰對這種任意性的（直接反應的）審美態度所引發的反面的影響結果有所不滿。於是，對讀者要求更上一層的鑑賞態度，即「平理如衡，照辭如鏡」的，「無私於輕重，不偏於憎愛」的理智的觀文態度，並且提示觀察作品的客觀準則。從此可見，劉勰認爲對作品的鑑賞需要陳先生所謂「直覺暫時停起來」的「分析」階段，這就是「深識鑒奧」的過程。這樣才能獲得「歡然內懌」的審美愉悅，這就可說是陳先生所提的「直覺智境」，即經過理智活動的，比初起「感」更深入一層的「感」的境界。劉勰對讀者「博見」的要求，就可說指陳先生所說的「大努力的培養和陶冶」。

總而言之，劉勰認爲讀者對作品的審美活動，原本不能脫離對作品的直接審美感覺，但又認爲眞正的鑒賞活動，不得停留在初起的直接感覺的階段，而進一步對作品作出理性的分析和審美判斷，如此才能把握作品的藝術價值，同時從而可以體會具有深度的心靈美感。

如此看來，劉勰所討論的審美活動，像是針對具有深奧的藝術鑒賞能力的讀者而言的。換言之，劉勰所意識的讀者是指能夠「知音」，即能「見異」的，藝術修養高深的鑑賞者，劉勰對讀者的要求這麼高，也有他的理由。因爲他認爲眞正的審美愉悅是從把握作品客觀地呈現的藝術價值，從而才能

享受到的。雖然可說，劉勰所提出的「平理如衡，照辭如鏡」的，純客觀的審美態度，是在陳先生所謂審美的「分析」階段也較難於做到，不過，「深識鑒奧」才能「歡然內懌」的看法，可說相當把握藝術審美活動的特點。一般來講，藝術鑒賞是需要對其藝術領域具有了一定程度的造詣，因爲這樣才能進入鑒賞的階段。池振周先生說：「一般欣賞者若不經過某種訓練，他對藝術作品也不會受什麼感動，也就是說，在那樣的時候，藝術作品不能在他身上造成什麼可以理解的印象。」（註九）進而爲把握作品的藝術成就及其審美價値，更需要較專門的藝術見識。所以可以說，劉勰所探討的讀者審美活動，並不只指對作品的讀者任意的感受活動，而更是指讀者透過作品的深入理解，把握其藝術價値──「見異」，從而享受完整的審美愉悅的，客觀的審美判斷也包在其內的，理想的鑒賞活動。

在劉勰這種理想的審美境界的提出，與他對作者創美過程和作品客觀風格方面的完美要求有密切的關係，〈總術〉說：

> 數逢其極，機入其巧，則義味騰躍而生，辭氣叢雜而至。視之則錦繪，聽之則絲簧，味之則甘腴，佩之則芬芳。

「數逢其極，機入其巧」就指作者創美活動進行得順利；「必味騰躍而生，辭氣叢而至」便是從此產生的作品顯出的完美的情采風格；「視之則錦繪，聽之則絲簧，味之則甘腴，佩之則芬芳」就指讀者對這樣的作品的「披文以人情」，從而所獲得「歡然內懌」的鑒賞美感的具體內容，「錦繪」「絲簧」就比喻從作品的審美形式（采）所得到的視、聽覺美感；「芬芳」就比喻從作品的審美內容（情）所得到的心靈美感；「甘腴」就比喻「味之不厭」的對作品整體的審美感受。並且劉勰以取用這四個描述具體感覺的辭語來說明讀者的審美感受，就又反映出他對文藝作品可感之美的重視。

劉勰在〈情采〉說：「繁采寡情，味之必厭」，從滋味美感上說明作品情采適均調和的價值。作品的「采」，其審美價值取決於能否恰當地呈現「情」，故繁采寡情的作品常常造成「使文滅質」的結果，從而構不成作品情采的諧和協調。這樣的作品，讓讀者感到厭繁，產生不出「滋味」的美感。劉勰因當時過於重視「采」的文風，從「繁采寡情」而說明作品引不出「滋味」美感的原因。不過，從劉勰的情采適均的審美理想來看，反之，即「繁情寡采」也讓讀者感受不到「滋味」美感，正如鍾嶸所說：「理過其辭，淡乎寡味」（《詩品．序》）。

由此看來，讀者「歡然內懌」的審美感受，可以讀者從作品的審美形式（采）和內容（情）的調和所能感受的「滋味」美感來概括。因此，由探討劉勰的「味」說，可以了解讀者審美愉悅的具體內容。

劉勰用「味」而概括作品的審美內容，如「義味騰躍而生」；讀者的審美活動，如「味之必厭」；及其審美感受，如「餘味曲包」（隱秀）。

讀者「味」的對象是語言文字，其藝術表現形式本身，故讀者必定先「味」其審美形式——「披文」，才能「味」其審美內容——「入情」。因此，讀者對作品的滋味美感，從作品的「形文」「聲文」所引起的直接感知的視、聽覺美感與作品的情感思想來的、較間接體會的心靈美感結合而成的。

〈聲律〉說：「聲畫妍蚩，寄在吟詠，吟詠滋味，流於字句」；〈麗辭〉說：「左提右挈，精味兼載」由此可見審美形式本身影響讀者感受的滋味美感。〈體性〉說：「子雲沈寂，故志隱而味深」；〈隱秀〉說：「深文隱蔚，餘味曲包」；〈宗經〉說：「辭約而旨豐，事近而喻遠，是以往者雖舊，餘味日新」由此可知作品的「隱」的特點與讀者感受的滋味美感有密切的關係。劉勰對作品的「隱」的解釋，「隱，文外重旨也」來看，所謂「餘味」可說是從作品整體所呈現的藝術境界而感受的美感。劉勰提出，優秀的作品可以讓讀者感到「物色盡而情有餘」（物色）。所謂「物色盡」，就指由「物無隱貌的表現力來的藝術形象的生動、鮮明性；而這樣的藝術形象，必然「使味飄飄而輕舉，情曄曄而更新」（物色），具有耐人尋味的藝術魅力，從而啓發讀者領會「文外之重旨」。所謂「情有餘」，就是作者給讀者留下的聯想空間，即留下充分的想像和回味的餘地，讓讀者從作品的內含中體會到無窮的文外之旨，從而獲得豐富的美感享受。王夢鷗先生對「文外或味外之旨」與審美價值的關係而言：「詩人文學家托『物』言『情』——也就是把他的意象（情）用譬喻（物）來表示出來。在這整個構造體中，不但『譬喻』不是批評的終極目的；就連意象也不是批評的終極目的，必然是意象所隨伴的感情性質，才是那『味外之旨』，是那批評的對象了。這種在文學上新境界的識認，新目標的出現，可說不但超過了實用的價值觀念，而且超過了意象的批評觀念，到達了純粹的審美的價值觀念上。」（註十）

據此看來，讀者滋味美感是從透過具體可感的藝術形象而把握其所含有的，豐富的內含，玩味它的過程而來的。而且對感到「文處重旨」而獲得美感的重視，就顯示劉勰所把握的欣賞水平，其美學高度。

讀者透過欣賞情采適均的完美作品，就能享受「味之不厭」的「滋味」美感。從此看來，劉勰所論述的讀者審美的理想的感受境界，與他的作品所提出的審美風格理想連爲一體。至於力注「滋味」美感的鍾嶸，就將兩者等同起來而論述，《詩品．序》說：

> 宏斯三義（賦、比、興），酌而用之，幹之以風力，潤之以丹采，使味之者無極，聞之者動心，是詩之至也。

詩可以使讀者玩味無盡、聞之動心，其原因在於作品具有的「風力」與「丹采」，即審美內容的情感活力與審美形式之美，而這兩者構成鍾嶸所謂的「滋味」。廖蔚卿先生其〈詩品析論〉中說：「詩的『滋味』，就不專指內容精神或形式語言的某一種構造或表現，而不論是內容精神或形式語言的任何一方面的構造或表現，幾乎也足以展示或構成一些『滋味』。」（註十一）。換言之，能讓人感到「滋味」的作品就是具有「風力」與「丹采」的理想的審美風格特點；具有理想的審美風格特點的作品，就能使人味之無盡，聞之動心，即讓人得到滋味美感。羅立乾先生《鍾嶸詩歌美學》中說：「鍾嶸以『滋味』爲詩歌批評的最高標尺，是從審美鑒賞角度提出的。他說：『使味之者無極，聞之者動心，是詩之至也。』這就是說，詩歌作品必須經得起欣賞者的反復品味，能使欣賞者獲得咀嚼不盡的美感『滋味』，並激起其强烈的審美感動，方爲詩歌的最高造詣。」（註十二）。

由此看來，劉勰「歡然內懌」的審美愉悅，的確可歸結於「滋味」美感，並且以鍾嶸的滋味說可作爲對從《文心雕龍》所見作品的審美風格理想與滋味美感的關係的簡明的概括或說明上的補充。

總而言之，讀者先要具備能夠深識鑒奥的藝術造詣，才能把握作品的審美價值。這樣，才能不僅感到從作品的審美形式直接提供的視、聽覺美感，也感到從作品豐富的審美內含來的心靈美感。這就是「歡然內懌」的「滋味」美感，其具體享受的內容。換言之，「歡然內懌」的「滋味」美感，就指從視、聽覺美感與心靈美感都包在其內的，最想理、最完整的審美感受。

劉勰認爲對作品的審美活動，一定經過對其形式結構的感知階段，才能體會到其內含所提供的心靈美感。這樣的審美經路，已經顯示作品對讀者審美感受的任意性有制約的作用。於是，可說作品的審美價值是它本身的客觀表現狀態及讀者個人的主觀鑒賞條件來決定。從作品方面而言劉勰探論作者藝術加工與作品風格問題時，已經提示出值得鑒賞的，完美作品所要具有的客觀條件。從讀者方面而言，劉勰雖然意識到了因人而異的審美趣味及其感受的問題。不過，他又認爲讀者的鑒賞活動不只是個人對作品的喜好的反映而已，而是對作品客觀藝術價值的把握和感受的活動，故對隨從主觀偏好的審美態度有所反省和批評。因此，劉勰探討讀者審美心靈活動時，不僅止於論述審美經路和審美活動主觀特性，進而提出爲正確把握作品的審美價值，讀者先要具備的藝術修養、理想的審美態度與客觀的「閱文情」之術，及從此所能感受審美愉悅的內容。即劉勰心目中的理想的讀者審美活動，便是以

「博觀」作為鑒賞的基礎，取「平理如衡，照辭如鏡」的客觀審美態度，從「六觀」著手，分析和了解作品，達到「見異」的鑒賞目的，在反復「玩繹」其審美形式和內容提供的視、聽覺美感與心靈美感，其中享受「歡然內懌」的「滋味」美感。

總而言之，劉勰基於把握審美經路和意識在審美過程讀者主觀情感的介入等關於審美活動的一般性問題，進而提出在自己心目中理想的讀者審美活動境界，並且這境界足夠顯示劉勰心目中的審美鑒賞水平及其美學意義。

【附註】：

註　一：《美學原理》，Penedetto Croce 著，朱光潛譯，一二四頁。

註　二：《美學四講》，李澤厚著，一一三—一一四頁。

註　三：同註二，一二四—一二五頁。

註　四：《藝術美與欣賞》，戚廷貴著，一四九頁。

註　五：John Dewey: Art as Experience〔杜威：藝術經驗論〕（New York, 1958），p.54. 自衣沙爾〈閱讀過程中的被動綜合〉（岑溢成譯）轉引，見於《現象學與文學批評》，鄭樹森編，九三頁。

註　六：《藝術概論》，池振周著，一二四頁。

註　七：《陳世驤文存》——〈中國之分析與鑒賞示例〉，陳世驤著，一二七頁。

註　八：同註七，一二八—一三〇頁。關於在此所引的陳先生的意見的簡明發揮，見於黃慶萱先生著的〈直覺與分析〉，收於中央日報（民國六十五年六月二十五日）

註　九：同註六，一二七頁。

註　十：《文學概論》，王夢鷗著，二三八頁。

註十一：《六朝文論》——〈詩品析論〉，廖蔚卿著，二四七頁。

註十二：《鍾嶸詩歌美學》，羅立乾著，六三頁。

第八章 結論

——評估《文心雕龍》文藝美學理論的意義和價值並綜述本稿所得的研究結果

美學可說是以人們各種美感經驗爲研究中心的學科。藝術是透過憑借媒介而進行創造及對其產品的欣賞活動，乃滿足人類精神需要的，人們美感活動的主要領域。因此，由各門藝術現象，澄清其構成美感的特殊原理和本質的工作，可說是美學研究的重要課題。

《文心雕龍》可以稱爲基於把握文藝的本質，以較明顯的文藝審美觀探討從先秦到六朝的文藝現象之後，將其研究成果作爲基礎，進而建立一套體系謹嚴的理論形態——一部文藝美學綜論。

這麼一部文藝美學書，其美學理論的歷史意義和普遍價值，可以從它基於把握文藝構成的原理和本質，透過一脈相承的理論體系而呈現的審美觀來探索。因爲在一部文藝美學書，以理論形態所呈現的審美觀，就顯示出此一美學書的作者——美學家當時的文藝審美意識和美學家個人獨特的美學見解。換言之，一部文藝美學書的歷史意義和普遍的價值，先從它所把握的文藝本質和所呈現的審美觀，是否充分地顯示美學家當時的文藝審美意識及其中是否含有其美學家個人獨特的美學見解來衡量。進而從它所顯示的當代文藝審美意識和個人獨特的美學見解，對當代或今日的文藝活動和文藝美學理論的建構上是否具有指導意義來評估。

一部文藝美學書所顯示的審美觀，其所具有的特點和意義，從此美學書所提出的審美標準和審美理想的考察中最能把握。因爲，一般來講，審美標準對創作和鑒賞活動皆能發揮規範的作用，而與審美規範緊密的關聯之下所成立的審美理想，就表明其美學家所處的時代和他個人的審美意識的高度及他所期許的理想的文藝活動方向。於是，從一部文藝美學書所呈現的以審美標準和審美理想爲核心的審美觀，可以討論它的歷史意義和普遍的美學價值。

文藝是以語言文字爲媒介而進行創作和鑒賞的藝術美感活動的領域。中國文學到了六朝，由於「人」與「文」的自覺風氣，創作和鑒賞主體的個人情感被肯定，並且語言文字的藝術形式本身的美感也受到重視。在這樣的文藝環境之下所產生的文論著作《文心雕龍》，其書名已經顯示出全書的基本主題。「文心」意指人的藝術心靈（美感）活動——「爲文之用心」；「雕龍」便指語言文字的藝術的運用以構成文藝形式本身之美——「文章以雕縟成體」。劉勰在關于人的美感心靈運作——「文心」與語言文字的藝術的運用——「雕龍」的具體的探討，以「情」與「采」來概括這兩者——「剖情析采，籠圈條貫」（序志）。「情」「采」，不僅反映出六朝文藝美學所論的重點，也顯示它充分把握文藝的特殊本質。而在文藝的創美、審美論中，「情」「采」爲聯結點，從而表明構成文藝美感的原理。並且劉勰將文藝的問題提到了宇宙論、本體論的高度，在自然現象和人類整個文化結構的關聯之下闡明文藝的本質和其構成美感的原理。故其理論層次比就文藝談文藝的一般文藝理論來得高。

就其文藝美學理論的基本體系而言，《文心雕龍》的「樞紐論」中，在所有的「文」（可感的形象之美）起於「自然之道」的前提下，以語言文字構成的「文」的產生也歸結於「自然之道」。即劉勰透過「道」、「聖」（人）、「經」（文）的三者關係的辨明，以本體論的高度肯定人心的審美、創美能力，由此導出「心生而言立，言立而文明，自然之道也」（原道）的文藝產生的基本原理。進而，由因人而異的語言文字的運用，明示文藝創變的規律及其關鍵所在。在〈情采〉，以對「文」起源於「自然之道」的進一步具體化，標舉「形文」、「聲文」、「情文」，以這三種「文」的形態來概括「自然」之「文」——「采」（美）的系統。這不僅說明劉勰以「自然」為具有審美特徵的文采系統的審美意識，並且反映出劉勰也將「自然」作為引起美感的基本審美範疇。依《文心雕龍》，「情文」可說把語言文字的「形」、「聲」、「義」的特點，以「情」來統一而呈現的，具有審美形式（采）和內容（情）的文藝審美整體。換言之，「情文」，即以語言文字構成的「文」，以其「形文」（形象美）、「聲文」（音律美）所形成的審美形式（采）來呈現審美內容（情感意義），從而能夠引起視、聽覺美感及心靈美感。即文藝的基本美學範疇——「情」「采」，「形文」、「聲文」、「情文」這三種「自然」之「文」的基本審美範疇皆包括在其內。

《文心雕龍》在其「樞紐論」與〈情采〉，表明文藝構成的原理和本質及文藝審美範疇的三個層面，由此建立文藝美學理論的基本體系。

而劉勰對文藝產生的基本原理和文藝美感範疇的把握，是透過對從先秦到六朝的文藝作品和文藝理論著作的觀察而得到的。一般來說，觀察作品，一定要採取觀察的角度——作者或讀者的立場。正如劉若愚先生所謂：「任何人，甚至『客觀的』批評家，若不採取作家或讀者的觀點，是無法討論文學的。」（註一）依《文心雕龍》全書的內容來看，劉勰兼取作者和讀者的角度而談論作品產生的前後所發生的文藝心靈活動問題，即作者的創美心靈活動和讀者的審美心靈活動。於是，可以說其美學體系所討論的範圍就涉及到作者、作品、讀者三方面。其實，對作品的討論，如在前所說，非採取一個角度不可。不過，本稿仍將作品的問題設定爲一章來討論的原因，在於更具體地闡明劉勰對從作者來呈現而由讀者來感受的作品風格，所指望的審美理想及其美學高度。

簡言之，劉勰觀「文」（作品）之後論「文」時，所論述的內容，就是以具有理想的審美風格的作品，即語言文字的藝術的表現形態本身——「文」爲中心，探討作者的「心」怎麼創造出來它，及讀者的「心」怎麼感覺到它的問題。故由其文藝美學理論的基本體系可以知道和設定它的探論範圍及其基本主題，離不開人心的美感（創美、審美）活動——在此所論的對象是語言藝術，故可稱爲「文學的心靈」，及語言文字的「藝術的表現」問題。

就理想的作品審美風格而言，在《文心雕龍》，以由「情」「采」適均而呈現「自然」氣氛的作品作爲審美理想。從作品的「情」而言，它要具備由「各師成心，其異如面」（體性）的人心的自然表現——「爲情而造文」（情采）而形成的創新面貌及感動人心的力量。從作品的「采」而言，它要具備由適當地運用語言文字的「形」「聲」美感屬性而造成的，能夠引起耳、目美感的形象美（形文）和音律美（聲文）。這便是由「銜華而佩實」的「情眞」「采宜」，而具有「風」、「骨」、「采」的「雅麗」，即呈現「自然」美感氣氣的理想的審美風格境界。由劉勰對作品風格所提出審美理想，可以更明白地知道劉勰審美觀的文藝美學高度。對作品創新面貌的肯定就顯示對藝術創造質性的把握；對可感的形象美、音律美的重視，就反映對藝術媒介本身所呈現的形式美的注意；對引起美感力量的强調，就證明對文藝創作和鑒賞活動可能的本質——「興」「感」的認識。而依《文心雕龍》，由把握這三方面的特點而提出的審美理想及其文藝美學高度，皆與作者和讀者的文學心靈活動有關。

先從作者的文學心靈活動而言，作者的文學心靈運作本身就是把個人「感」「物」而所「興」的「情」，透過以想像思維爲中心的神思活動，完成具體可感的語言文字的藝術表現形態的，一個創造過程。作者爲了完成具有可感的形象、音律之美的作品，其神思過程中特別注意於媒介——語言文字的藝術的運用問題。並且作者運用語言文字時，已經豫想其表現形態——作品對讀者所引起的文藝美感效果，故在創美過程中，作者也爲語言文字的美的表現得到美感。從而所產生的作品一定呈現作者個人的獨創面貌，同時具有可感的形式美和感動人心的力量。

就讀者的文學心靈活動而言，在劉勰，讀者對作品的審美活動，其最終目的在於「見異」——發現作品的獨創面貌而從此得到審美愉悅。爲「見異」的審美經路就是「披文而入情」，即先爲引起視、聽覺美感的審美形式所吸引住，再進入作品審美內容（情志）領域，從而得到心靈美感。這樣的讀者審美活動過程也皆與劉勰對作品所指望的審美理想有關聯。

劉勰對作品所提出的審美理想建立在作者和讀者的文學心靈活動的緊密的聯關之下。劉勰並不止於論述從作者、讀者的文學心靈活動創作作品、感覺作品的一般過程，進而提出爲了完美地進行作者、讀者的文學心靈活動，作者、讀者先要具備的條件和要遵守的審美規範。就其條件方面而言，劉勰對作者和讀者都要求「虛靜」和「博學（觀）」的藝術修養工夫。就其審美規範而言，劉勰在〈情采〉所提出的「情眞」「采宜」的審美規範，對作者具有「情」「采」的運用規範的意義，對讀者具有「閱文情」的審美判斷準則的意義。

劉勰基於把握文藝的特殊本質，於是建立了文藝美學理論的基本體系。而其美學理論，關于作者、作品、讀者的諸般問題都包括在其內。劉勰以作品的文藝美感爲中心，不僅精密地考察作者的創美心靈活動和讀者的審美心靈活動的經路及其各別特質，並且進而提出作者運用「情」「采」而創造作品的規範和讀者鑒賞作品「情」「采」的準則，從此具體地表明其審美理想。

每個美學家的審美觀總是在某一特定的歷史環境中形成的。劉勰也不例外。故劉勰透過《文心雕龍》整個文藝美學理論體系所呈現的審美規範和理想，它所具有的歷史意義，應在劉勰的《文心雕龍》與當時的文藝美學發展的環境的關聯之下被討論。

在六朝，由重「人」（個人）、重「文」（美）的風氣，文藝審美、創美主體的能動性得到重視，各種文藝形式美的規律得到發掘和運用。即由文藝質性的認識，重視情感個性的表現，强調構成文藝特性的藝術媒介——語言文字及其運用成果的巧拙。從此，文藝得到其本身獨立的審美價值。依《文心雕龍》來看，劉勰總體上肯定和接受六朝文藝美學觀點。不過，他對齊、梁時期煩濫淫靡的文風深致不滿。而從情感、文采兩方面提出了「情眞」「采宜」的審美規範。換言之，劉勰借助於六朝文藝美學發展的環境，透過自己對歷來文藝現象的反省和思索，提出了由情采適均所形成「自然」氣氛的審美理想。即劉勰對文藝構成的原理和本質的把握，觀「文」、論「文」時，兼取作者、讀者的角度，重「情」、重「采」，崇尙「自然」的美感等皆與六朝文藝美學發展的環境有密不可分的關係。不過，在六朝文藝界，各個受到重視的「自然」、「情」、「采」的審美範疇，以自己的審美觀點綜合而提出完美的作品（藝術語言）所要具備的審美理想狀態——「情采自凝」，這便可說是劉勰獨到的見解。即劉勰了解和肯定六朝當時的文藝美學觀，同時也不忘記文藝活動本身具有的「通變」特性，從而對古今文藝現象及其審美觀採取「折衷」的方式，將從先秦到六朝的文藝成果批判地綜合，在文藝傳統的脈胳上創發自己的審美理想，從而建立一套完整的文藝美學理論體系，由此想要達成「述先哲之誥」「益後生之慮」（序志）的承先啓後的歷史任務。《文心雕龍》的文藝審美觀及其理論成就，在六朝當時而論，具有一種意義：那就是把六朝文藝美學方面的各種成果綜合，並且透過對當時的不良文風的反省，從而將理想的文藝活動方向提供給當時的文藝界。不過，在六朝當時，《文心雕龍》並沒有能夠發揮劉勰所期望那樣的影響效果——「未爲時流所稱」（《梁書．劉勰傳》）。不僅在六朝，即使在唐、宋的文評界，《文心雕龍》也幾乎沒有受到注目。進入一直等到明、清時代《文心雕龍》的「體大而思精」的理論體系及文章學方面的實用價值方才受到重視。如明代何良俊認為在《文心雕龍》中「作文之法，蓋無不備矣」（《四友齋叢說》）；清代孫梅評為：「彥和此書，實總括大凡，妙抉其心」（《四六叢話》）；清代章學誠在其《文史通義》概括《文心雕龍》「籠罩群言」的特點。不過，《文心雕龍》以整體結果顯示的文藝美學理論體系的完整性及其理論所含的意義和價值，可說是到今日才真正開始被發覺和肯定。即具有了今日的文藝觀念之後，《文心雕龍》文藝理論價值才得到充分的重視和理解。這反而說明《文心雕龍》具有相當進步而成熟的文藝觀點和理論體系。

《文心雕龍》既有統帥全書的基本文藝美學觀點和體系，各部分之間又有著嚴密的聯系，全部論述幾乎涉及了文藝美學上所有重要問題。在今日的文藝美學研究上，就《文心雕龍》所能發揮的意義和價值而言，由於《文心雕龍》所討論的文藝與才性、文藝與自然及關于駢麗文的諸般形式美規律等問題，可以了解六朝當時文藝審美意識水平及其焦點。並且從《文心雕龍》基於把握文藝的本質而所探討作者和讀者的文學心靈活動，可以認識超越時空而存在的人的文藝心靈活動的共性；同時，也可以找出在今日的文藝活動和文藝美學理論的建立上值得接受和運用的多種見解。換言之，由《文心雕龍》所清理出的文藝美學理論體系及它所顯示的審美觀，不僅具備六朝文藝審美意識的特點，同時含有超越時空的普遍的美學意義。這就是《文心雕龍》在中國美學史上站有歷史地位的所在，以及在今日，其美學理論的意義和價值被研究和肯定的原因所在。

總之，《文心雕龍》這一部文藝理論書，不僅止於綜述從先秦到六朝的文藝現象，進而與整個文化結構的關聯之下，從本體論的高度討論文藝的產生和創變的規律，由此把握歷來文藝現象背後的原理和本質。而且劉勰對文藝原理和本質的探討，在與文藝的具體現象有著緊密的關聯之下進行。即劉勰時時注意自己的論點與實際文藝現象的相關性，在具體的例證中找出自己的理據。這便可說是《文心雕龍》兼具歷史意義和普遍的價值的原由。

最後，要綜述本稿由以文藝美學角度重新分析和評估《文心雕龍》所得的結果。首先，與既存的《文心雕龍》美學方面的研究成果比較而言，如李澤厚、劉綱紀先生編的《中國美學史》中所論《文心雕龍》的美學來看，其中雖提出了《文心雕龍》美學結構所包含的八個方面的論題，不過對這八個方面的論題沒有進行具體的分析，也沒有明確地說明貫串這八個方面論題的《文心雕龍》本身的基本理論體系或基本美學範疇。只對具有重要美學意義的幾個篇目各作探討來概括《文心雕龍》全書的美學理論。而且李、劉先生在此討論《文心雕龍》美學的主要目的，在於從中國美學史的整個脈胳上闡明它所具有的歷史意義和價值，故其探討過程中竭力找出劉勰據以建立自己理論的各種思想的來源。

又如劉綱紀先生另外一部著作《劉勰》中所論《文心雕龍》的美學思想來看，它也具有與由《中國美學史》中的《文心雕龍》美學類似的論述特點。不過，劉先生在此不是專從歷史角度探討《文心雕龍》的美學思想，而是以劉勰作爲一位中國自然主義哲學家來加以考察其美學思想，故討論過程中比《文心雕龍》所呈現文藝美學本身內容更爲重視的，是其藝術哲學的思維模式。並且劉先生分節討論劉勰的美學思想，各節所論的主題和內容雖有助於了解《文心雕龍》美學理論的根本問題，不過，各節之間難於找出一貫的系統性。這兩部書不屬於《文心雕龍》美學研究的專著，所以難免對《文心雕龍》所提的各種論題缺乏詳細的分析。

而就《文心雕龍》美學研究的專著而言（其例見於本稿第一章），它們具備了自己的理論架構，也對《文心雕龍》重要美學命題提出了詳密的解說。不過，它們沒有交代清楚《文心雕龍》可稱爲一部文藝美學書的所以然的根據。換言之，它們沒有顯示出將《文心雕龍》以文藝美學角度來研究時，研究者該要採取的合乎文藝美學觀點的分析系統。因此，能夠由《文心雕龍》清理出來的貫串全書的文藝美學理論的基本體系及文藝美學的基本範疇，就難於從這些專著中找出了。從而也難於具體地把握《文心雕龍》文藝美學理論體系的完整性。

雖然如此，這些既存的《文心雕龍》美學方面的研究成果，仍然多方面提供給本書以啓發性的見解。並且由於分析角度或注意點與本書不同，故能解明或補充本書未能涉及的各方面的論題。如《中國美學史》中對《文心雕龍》美學思想的各種起源的論述；又如《劉勰》中的美學思想論述所見《文心雕龍》與西方文藝理論的比較等。本書基於這些既存的研究成果，採取與它們稍微不同的分析角度而另開一面。筆者在閱讀和吸收既存的研究成果時，自己認爲前人還未解決的問題，就以更深入的探討設法加以解決。本書的標題、分析角度和程序、研究範圍等都與本書想要解決的問題有關。《文心雕龍》是自成完整體系的文藝美學理論書，在中國美學史上，在世界美學史上，都具有意義和價值。這是在《文心雕龍》研究著作中時常見到的敘述內容，甚至可以說是《文心雕龍》美學的研究者共認的事實。不過，《文心雕龍》何以稱爲一部文藝美學著作，其理論體系如何完整，它在中國美學史上、進而在世界美學史上能具有意義和價值的原由是什麼等問題，筆者從既存的研究成果中未得到解答。因此，本書嘗試從《文心雕龍》書名本身所含有的文藝美學意蘊論起，藉以進入《文心雕龍》探討文藝問題的分析系統，找出《文心雕龍》所闡明的文藝美學的基本範疇，而表明《文心雕龍》稱爲文藝美學理論書的根據。故本書基本上跟著《文心雕龍》的「剖情析采」的分析系統，來分析以「文心」（文學的心靈）與「雕龍」（語言文字的藝術的表現）兩大主題一貫的《文心雕龍》理論整體。本書基於把握文藝美學的基本範疇，由對劉勰自稱爲「樞紐論」的首五篇與以文藝基本美學範疇爲論題的〈情采〉的解析，清理出貫串全書的文藝美學理論的基本體系，及由此可以設定的《文心雕龍》美學理論所涉及的範圍——作者、作品、讀者所探討的基本主題。進而分章進行對各範圍的研究，從而具體地闡發在其基本體系中已所顯示各範圍的基本主題。由此較具體地表明其文藝美學理論體系的完整性及其探討範圍的全面性。

《文心雕龍》具有的中國美學史上、世界美學史上的意義和價值，應從其文藝審美觀所具有的歷史特性和超越時空而存在的普遍的共性上面來探索。爲了找出其歷史特性，把《文心雕龍》的審美觀放在六朝文藝美學發展的環境之下，從此識別出它所呈現的六朝文藝美學特色及超越當時的審美觀而所創發的劉勰獨到的美學見解。爲了說明其共性，本書盡量以今日的文藝觀點和用語來闡析《文心雕龍》在文藝美學理論上的實際含意。本書雖以今日的文藝美學的立場，對《文心雕龍》這一部古代傳統文論書進行再認識的研究；不過，也不忘記《文心雕龍》本身是劉勰即古代文藝美學家意識活動的產物。故本書所取的詮釋方式並不意味著，自由隨想式的引伸發揮和主觀臆測式的判斷論證，而意味著以今日的文藝美學觀點和爲今日的人們所理解的用語來闡發《文心雕龍》固有的普遍的美學價値和意義。即本書以試圖從今日的文藝美學高度分析《文心雕龍》，從而顯示其文藝美學理論所把握的文藝美感活動的共性。

本書在探索《文心雕龍》文藝美學理論的意義和價値的過程中，發現了《文心雕龍》兼備歷史意義和普遍的美學價値的原由在於《文心雕龍》對文藝現象及其現象背後的原理和本質的兼顧。故本書不僅表明《文心雕龍》文藝美學理論的歷史意義和普遍的美學價値，也說明能夠兼具歷史意義和普遍的美學價値的原由。

簡言之，本書從《文心雕龍》書名所含有的文藝美學意義談起，以《文心雕龍》設定爲一部客觀的文藝美學理論書，採取以今解古的方式，透過「爲什麼」——「什麼」——「意義和價値」的研究程序，而顯示出《文心雕龍》所以成爲文藝美學理論書的原由，和其美學理論體系的具體面貌與完整性，及其理論所以兼具歷史意義和普遍的美學價値的評鑑。

總而言之，本書透過以上的探論，找出筆者認爲既存的研究成果中未得到解決的幾個問題的答案，從而表明以今日的文藝美學觀點研究古代文論的意義，不僅在於了解當時的文藝審美意識及其論者獨到的美學見解，進一步的更在於透過各種方法使過去的文藝美學觀與今日要建立的文藝美學觀銜接起來，使過去的文論對今日的文藝創作、鑒賞活動和文藝美學理論的建構，能夠發揮它所應有的作用。

【附註】

註　一：《中國文學理論》，劉若愚著、杜國清譯，十四頁。

參考書目

一、文心雕龍

甲、注釋本、校勘、札記、譯本等

文心雕龍註　范文瀾註　商務印書館香港分館（一九六〇・六，香港新一版）

The Literary Mind And The Carving of Dragons（文心雕龍）　施友忠譯　台灣中華書局（民國五九）

文心雕龍札記　黃侃著　文史哲出版社（民國六二・六，再版）

文心雕龍　黃叔琳注，杜天縻補注　台南北一出版社（民國六三・十）

文心雕龍綴補　王叔珉撰　藝文印書館（民國六四・九）

文心雕龍校證　王利器校箋　明文書局（民國七一・四）

文心雕龍譯注　趙仲邑譯注　廣西教育出版社（一九八二・四）

文心雕龍譯註十八篇　郭晉稀譯註　中流出版社（一九八二・四）

文心雕龍斠詮　李曰剛著　國立編譯館中華叢書編審委員會（民國七一・五）
文心雕龍釋旨　姜書閣述　齊魯書社（一九八四・三）
文心雕龍注釋　周振甫注　里仁書局（民國七三・五）
文心雕龍校釋　劉永濟校釋　華正書局（民國七四・一）
文心雕龍讀本　王更生注譯　文史哲出版社（民國七四・三）
文心雕龍選析　祖保泉　安徽教育出版社（一九八五・四）
文心雕龍校注拾遺　楊明照注　崧高書社（民國七四・五）
文心雕龍通解　王禮卿著　黎明文化事業股份有限公司（民國七五・十）
文心雕龍釋義　馮春田著　山東教育出版社（一九八六・十一）
文心雕龍今譯　周振甫著　中華書局香港分局（一九八六・十二）
文心雕龍精選　牟世金選譯　山東大學出版社（一九八六・十二）
文心雕龍講義（文學與文心）　程兆熊著　明文書局（民國七六・九）
文心雕龍義證　詹鍈義證　上海古籍出版社（一九八九・八）

乙、專著（綜合研究、論文集）

文心雕龍論文集　鄭　蕤　台中光啓出版社（民國六一・六）
文心雕龍的樞紐論與區分論　藍若天著　台灣商務印書館（民國六四・四）

文心雕龍研究論文集（淡江中文系）　黃錦鋐等撰　台北鷲聲文物供應公司（民國六四・五）
文心雕龍創作論　王元化著　上海古籍出版社（一九七九・十）
文心雕龍研究論文選粹　王更生編纂　育民出版社（民國六九・九）
文心雕龍文論術語析論　王金凌著　華正書局（民國七十・六）
劉勰論創作（修訂本）　陸侃如、牟世金著　安徽人民出版社（一九八二・四，二版）
文心雕龍散論　馬宏山著　新疆人民出版社（一九八二・五）
日本研究文心雕龍論文集　王元化選編　齊魯書社（一九八三・四）
雕龍集　牟世金著　中國社會科學出版社（一九八三・五）
文心雕龍學刊（第一輯）《文心雕龍》學會編　齊魯書社（一九八三・七）
文心雕龍研究・解釋　楊明照・吳聖昔論文、趙仲邑・陸侃如譯解　木鐸出版社（民國七二・九）
興膳宏文雕龍論文集　彭思華編譯　齊魯書社（一九八四・六）
文心雕龍學刊（第二輯）《文心雕龍》學會編　齊魯書社（一九八四・六）
文心雕龍的風格學　詹鍈著　木鐸出版社（民國七三・十一）
劉勰的文學史論　張文勳著　北京人民出版社（一九八四・十二）
神與物遊——劉勰文藝創作理論初探　艾若著　文化藝術出版社（一九八五・六）
文心雕龍通詮　張仁青著　明文書局（民國七四・七）

文心雕龍論叢　蔣祖怡著　上海古籍出版社（一九八五・八）
文心雕龍論稿　畢萬忱、李淼著　齊魯書社（一九八五・九）
文心雕龍探索　王運熙著　上海古籍出版社（一九八六・四）
文心雕龍術語探析　陳兆秀著　文史哲出版社（民國七五・五）
文心十論　涂光社著　春風文藝出版社（一九八六・十二）
文心雕龍美學　繆俊杰著　文化藝術出版社（一九八七・六）
文心雕龍理論研究和譯釋　杜黎均著　谷風出版社（民國七六・七）
劉勰年譜匯考　牟世金　巴蜀書社（一九八八・一）
文心雕龍研究論文選　甫之、涊光社主編　齊魯書社（一九八八・一）
文心雕龍綜論　中國古典文學研究會主編　學生書局（民國七七・五）
文心雕龍學刊（第五輯）《文心雕龍》學會編　齊魯書社（一九八八・六）
文心雕龍臆論　陳思苓著　巴蜀書社（一九八八・六）
文心雕龍美學思想論稿　易中天著　上海文藝出版社（一九八八・八）
文心雕龍美學思想論稿　趙盛德著　漓江出版社（一九八八・十）
文心雕龍論集　陳耀南著　現代教育研究社有限公司（一九八九）
劉勰　劉綱紀著　東大圖書公司（民國七八・九）

文心雕龍研究（重修增訂）　王更生著　文史哲出版社（民國七八・十，增訂三版）
《文心雕龍》與《詩品》　禹克坤編著　人民出版社（一九八九・十一）
文心識隅集　李慶甲著　上海古籍出版社（一九八九・十二）
文心雕龍與現代修辭學　沈謙著　益智書局（民國七九・六）
文心雕龍新論　王更生著　文史哲出版社（民國八十・五）

丙、論　文

文心雕龍之創作論　黃春貴撰　師大碩士論文，民國六二・七
文心雕龍的通變論　金民那著　台大碩士論文，民國七七・五
為情而造文　藻耀而情明——《文心雕龍・情采》札記　徐應佩、周溶泉著　廣州文藝第一期，一九八〇
文心雕龍與老莊思想　皮朝綱著　四川師院學報第二期，一九八〇
評劉勰的「六義」說　馬白著　學術月刊第七期，一九八〇
評以「情」論文——《文心雕龍》綜論之一　吳聖昔著　文學評論叢刊第九輯，一九八一
文心雕龍中的靈感論　曹順慶著　古代文學理論研究第六輯，一九八二・九
《文心雕龍・神思》篇「杼軸獻功」說辨正　李逸津著　求是學刊第五期，一九八三
《文心雕龍・神思》篇想像論四題　夏　虹著　求是學刊第二期，一九八四

「心哉美矣」——《文心雕龍》美學思想的一個重要命題　胡子遠、趙白英著　蘇州大學學報第三期，一九八四

劉勰美學思想初探　潘家森著　美學文獻第一輯，一九八四・六

論《文心雕龍》文學美學體系　諶兆麟著　湖南師院學報第三期，一九八四

二、美學（藝術哲學、文藝心理學、藝術概論等）

甲、專　著

中國美學史大綱（上）　葉朗著　滄浪出版社（民國七五・九）

中國美學史（第一卷）李澤厚、劉綱紀主編　谷風出版社（一九八七・二，再版）

中國美學思想史（第一卷）敏澤著　齊魯書社（一九八七・七）

中國美學史（第二卷）　李澤厚、劉綱紀主編　谷風出版社（民國七六・十二，台一版）

中國文藝心理學史　劉偉林著　三環出版社（一九八九・十二）

中國美學史資料選編（上）　北京大學哲學系美學教研室編　中華書局（一九八一・四）

中國古代文藝理論資料目錄彙編　山東大學中文系中國古代文藝理論史編寫組　齊魯書社（一九八一・八）

西方美學家論美與美感　朱光潛編譯　漢京文化事業有限公司（民國七三・四）
美學原理　Penedetto Croce著，朱光潛譯　正中書局（民國三六・十一）
美學序說　白琪洙著　漢城大學出版部（一九七五・三）
藝術概論　池振周著　文史哲出版社（民國六八・十）
美學　黑格爾著，朱光潛譯　里仁書局（民國七十・五）
美學概論　王朝聞主編　人民出版社（一九八一・六）
美學基本原理　麥芽文化（一九八四？）
中國藝術精神　徐復觀著　學生書局（民國七三・十，八版）
美的範疇論　姚一葦著　台灣開明書店（民國七四・三，三版）
文藝心理學　陸一帆著　江蘇人民出版社（一九八五・七）
美學與藝術　陳從周等著　木鐸出版社（民國七四・九）
美的歷程　李澤厚著　元山書局（民國七五）
中國古代文學審美理論鑒識　殷　杰著　華中師範大學出版社（一九八六・六）
中國美學史論集（上）　林同華著　丹青圖書有限公司（民國七五・四，台一版）
當代美學論集　丹青藝叢編委會編　丹青圖書有限公司（民國七五・五，台一版）

美學與藝術詮釋　丁履譔著　復文圖書出版社（民國七五・七）
西方美學導論　劉昌元著　聯經出版事業公司（民國七五・八）
藝術哲學　趙要翰著　漢城經文社（一九八六・十二，再版）
山水與美學　伍蠡甫著　丹青圖書有限公司（民國七六・一，台一版）
文學與美學　龔鵬程著　業强出版社（一九八七・一，再版）
美學再出發　朱光潛著　丹青圖書有限公司（民國七六・二）
審美心理描述　滕守堯著，李澤厚主編　漢京文化事業有限公司（民國七六・三）
文藝心理學　朱光潛著　漢京文化事業有限公司（民國七六・三）
李澤厚哲學美學文選　李澤厚著　谷風出版社（一九八七・五）
美學的思索　本社編輯部　谷風出版社（民國七六・六）
美學散記　王濟昌著　業强出版社（一九八七・六）
美學百題　李澤厚著　丹青圖書有限公司（民國七六・六）
中國古代文藝美學範疇　曾祖蔭著　文津出版社（民國七六・八）
藝術美與欣賞　戚廷貴著　丹青圖書有限公司（民國七六・十一，再版）
談美　朱光潛著　漢京文化事業有限公司（民國七六・十二）
藝術與人的價值（Art and Human Values）　M. Rader、B. Jessup 著，金光明（音譯）譯

漢城圖書出版理論與實踐（一九八八・一，三版）
歷史、傳釋與美學　葉維廉著　東大圖書公司（民國七七・三）
文藝學導論　吳中杰著　江蘇文藝出版社（一九八八・六）
華夏美學　李澤厚著　三聯書店（香港）有限公司（一九八八・十，香港一版）
美學四講　李澤厚著　人間出版社（一九八八・十一）
藝術的奧秘　姚一葦著　台灣開明書店（民國七七・十一，十一版）
當代中國美學研究概述　趙士林著　谷風出版社（民國七七・十一，台一版）
語言美學　楊習良著　黑龍江教育出版社（一九八八・十二）
美學與意境　宗白華著　淑馨出版社（民國七八・四）
中國詩歌藝術研究　袁行霈著　五南圖書出版公司（民國七八・五，台一版）
中國美學論集　柯慶明等著　南天書局有限公司（民國七八・五，二版）
審美形態的立體觀照　張首著　人民文學出版社（一九八九・六）
六朝美學　袁濟喜著　北京大學出版社（一九八九・）
和——中國古典審美理想　袁濟喜著　中國人民大學出版社（一九八九・十）
主體論文藝學　九歌著，暢廣元審訂　中國社會科學出版社（一九八九・十）
文藝美學　胡經之著　北京大學出版社（一九八九・十一）

古典文藝美學論稿　張少康著　淑馨出版社（民國七八・十一）
美學縱橫論　馬白著　中外文化出版公司（一九八九・十二）
藝術符號與解釋　楊春時著　人民文學出版社（一九八九・十二）
文學與美學　淡江大學中國文學研究所主編　文史哲出版社（民國七九・一）
中國古代美學思想　馮滬祥著　學生書局（民國七九・二）
詩美學　李元洛著　東大圖書公司（民國七九・二）
鍾嶸詩歌美學　羅立乾著　東大圖書公司（民國七九・三）
美　學　德尼斯・于斯曼著，欒棟、關寶艷譯　遠流出版公司（一九九〇・六，台一版）

乙、論　文

六朝形神思想與審美觀念　周靜佳撰　台大碩士論文，民國七八・六
六朝藝術理論中之審美觀研究　鄭毓瑜撰　台大博士論文，民國七九・五
語言與美學的匯通——簡介葉維廉比較文學的方法　張漢良著　中外文學第四卷・第三期，民國六四・八
文學研究與美學問題（上、下）　高友工著　中外文學第七卷・第十一、十二期，民國六八・四、五
論藝術想像的本質特徵　明焍著　文藝研究第一期，一九八二

形式美與藝術　周來祥著　文藝研究第一期，一九八三
情感——文學藝術的基本特性　王元驤著　文學評論第五輯，一九八三
哲學範疇與文藝學範疇——對建構文藝學體系的思維方式的思考　張首映著　文學評論第一輯，一九八七

三、其他

甲、典籍（經、史、子、集）

周易　魏・王弼、韓康伯注，唐・孔穎達正義　十三經注疏(1)，藝文印書館
詩經　漢・毛公傳、鄭玄箋，唐・孔穎達正義　十三經注疏(2)，藝文印書館
周禮　漢・鄭玄注，唐・賈公彥疏　十三經注疏(3)，藝文印書館
禮記　漢・鄭玄注，唐・孔穎達疏　十三經注疏(5)，藝文印書館
左傳　晉・杜預注，唐・孔穎達正義　十三經注疏(6)，藝文印書館
論語　魏・何晏等注，宋・邢昺疏　十三經注疏(8)，藝文印書館
史記　漢・司馬遷撰　鼎文書局
三國志　晉・陳壽撰　鼎文書局

魏書　北齊・魏收撰　鼎文書局
晉書　唐・房玄齡等撰　鼎文書局
宋書　梁・沈約撰　鼎文書局
南齊書　梁・蕭子顯撰　鼎文書局
梁書　唐・姚思廉撰　鼎文書局
隋書　唐・魏徵等撰　鼎文書局

四書集註（上）　宋・朱熹撰　中國子學名著集成（〇一八），中國子學名著集成編印基金會
老子　魏・王弼注　台灣中華書局
莊子　晉・郭象注　台灣中華書局
荀子　唐・楊倞注　台灣中華書局
淮南子　漢・劉安撰，漢・高誘註　中國子學名著集成（〇八五），中國子學名著集成編印基金會
說苑　漢・劉向撰　中國子學名著集成（〇二六），中國子學名著集成編印基金會
論衡　漢・王充撰　廣文書局
中論　漢・徐幹撰　中國子學名著集成（〇三〇），中國子學名著集成編印基金會
人物志　魏・劉卲撰，西涼・劉昞注　諸子集成（一—四），世界書局

抱朴子　晉・葛洪撰　中國子學名著集成（〇六六），中國子學名著集成編印基金會
金樓子　梁・元帝撰，清・謝章鋌手挍幷跋　中國子學名著集成（〇九〇），中國子學名著集成編印基金會
顏氏家訓集解　北齊・顏之推撰，王利器注　漢京文化事業有限公司（民國七二・九）
楚辭補注　宋・洪興祖撰　漢京文化事業有限公司
魏文帝集　魏・文帝著，明・張溥閱　漢魏六朝百三名家集㈡，文津出版社
曹植集校注　魏・曹植著，趙幼文校注　明文書局（民國七四・四）
王右軍集　晉・王羲之著　漢魏六朝百三名家集㈢，文津出版社
世說新語校箋　宋・劉義慶撰，楊勇校箋　正文書局（民國六五・八）
江醴陵集　梁・江淹著，明・張溥閱　漢魏六朝百三名家集㈤，文津出版社
詩品注　梁・鍾嶸撰，陳延傑注　台灣開明書店（民國六七・十，台七版）
增補六臣注文選　梁・蕭統編，唐・李善、張銑、呂延濟、呂向、劉良、李周翰注　漢京文化事業有限公司
廣弘明集　唐・釋道宣撰　新文豐出版公司
四友齋叢說摘抄　明・何良俊撰　上海商務印書館

四六叢話　清・孫梅輯　台灣商務印書館
文史通義注　清・章學誠著，葉長青注　廣文書局（民國五九・十）
全上古三代秦漢三國六朝文㈡㈢㈣　清・嚴可均校輯　中文出版社

乙、近人專著

中國文學批評史　羅根澤著　學海出版社（民國六九・九，再版）
中國文學理論批評史　敏澤著　人民文學出版社（一九八一・五）
中國文學批評史　郭紹虞著　文史哲出版社（民國七一・九，再版）
中國中古文學史　劉師培著　商務印書館香港分館（一九五八・三，港一版）
中國文學理論史（上古篇）　王金凌著　華正書局（民國七六・四）
中國文學理論史（六朝篇）　王金凌著　華正書局（民國七七・四）
先秦兩漢文學批評史　顧易生、蔣凡著　上海古籍出版社（一九九〇・四）
魏晉南北朝文學批評史　王運熙、楊明著　上海古籍出版社（一九八九・六）
魏晉南北朝文學思想史　張仁青著　文史哲出版社（民國六七・十二）
中國修辭學史　鄭子瑜著　文史哲出版社（民國七九・二）
兩晉南北朝史　呂思勉著　台灣開明書店（民國七二・十，台六版）
漢魏兩晉南北朝佛教史　湯用彤著　鼎文書局（民國七四・一，三版）

文論講疏　許文雨編著　　正中書局（民國二六・一）
兩漢魏晉南北朝文學批評資料彙編　柯慶明、曾永義輯　　成文出版社（民國六七・九）
先秦漢魏晉南北朝詩　逯欽立輯校　　學海出版社（民國七三・五）
中國歷代文學論著精選（上）　郭紹虞輯　　華正書局（民國七三・八）
中國畫論類編（上）　俞　崑編　　華正書局（民國七三・十）
文學理論資料匯編　　華若文化事業公司（民國七四・十，台一版）
古代文論萃編　譚令仰編　　北京書目文獻出版社（一九八六・十二）

修辭學發凡　陳望道著　　香港大光出版社（一九六四・二）
陳世驤文存　陳世驤著　　志文出版社（民國六一・七）
莊子及其文學　黃錦鋐著　　東大圖書公司（民國六六・七）
中國詩學縱横論　黃維樑著　　洪範書店（民國六六・十二）
六朝文論　廖蔚卿著　　聯經出版事業公司（民國六七・四）
玄學・文化・佛教　湯用彤著　　育民出版社（民國六九・一）
中國文學理論　劉若愚著　　聯經出版事業公司（民國七十・九）
永恆的巨流（中國文化新論——根源篇）　邢義田主編　　聯經出版事業公司（民國七十・九）

古代文學理論研究（第四輯）　古代文學理論研究編委會編　上海古籍出版社（一九八一・十）
古代文論今探　吳調公著　陝西人民出版社（一九八二・六）
文學概論　王夢鷗著　藝文印書館（民國七一・七，二版）
古典文學論叢（第三輯）　《社會科學戰線》編輯部編　齊魯書社（一九八二・十一）
詩論　朱光潛著　漢京文化事業有限公司（民國七一・十二）
談文學　朱光潛著　漢京文化事業有限公司（民國七一・十二）
中國文學批評論集　黃海章著　岳麓書社（一九八三・四）
中國古代文學創作論　張少康著　北京大學出版社（一九八三・十二）
魏晉思想　賀昌群、湯用彤等著　里仁書局（民國七三・一）
中國知識階層史論（古代篇）　余英時著　聯經出版事業公司（民國七三・二，再版）
古典文學論探索　王夢鷗著　正中書局（民國七三・二，台二版）
駢文學　張仁青著　文史哲出版社（民國七三・三）
現象學與文學批評　鄭樹森編　東大圖書公司（民國七三・七）
中國古代文學理論論稿　張文勳著　上海古籍出版社（一九八四・九）
中國文學論集　徐復觀著　學生書局（民國七四・一，六版）
才性與玄理　牟宗三著　學生書局（民國七四・四，台五版）

中國文學講話(五)——魏晉南北朝文學　國家文藝基金管理委員會等主編　巨流圖書公司（民國七四・六）
古代文學理論研究（第十輯）　古代文學理論研究編委會編　上海古籍出版社（一九八五・六）
學不已齋雜著　楊明照著　上海古籍出版社（一九八五・十）
照隅室古典文學論集　郭紹虞著　丹青圖書有限公司（民國七四・十，台一版）
文學心靈與傳統　王逢吉著　康橋出版事業公司（民國七四・十二，三十版）
中古文學史論　王瑤著　北京大學出版社（一九八六・一）
齊梁麗辭衡論　陳松雄著　文史哲出版社（民國七五・一）
比興物色與情景交融　蔡英俊著　大安出版社（民國七五・五）
古代文學理論研究（第十一輯）　古代文學理論研究編委會編　上海古籍出版社（一九八六・八）
傳統文學論衡　王夢鷗著　時報出版社（民國七六・六）
人心與人生　梁漱溟著　谷風出版社（民國七六・九，再版）
詩詞例話　周振甫著　長安出版社（民國七六・九，再版）
興的起源　趙沛霖著　中國社會科學出版社（一九八七・十一）
文學論　韋勒克等著，王夢鷗譯　志文出版社（民國七六・十二，再版）
漢魏六朝心理思想研究　燕國材著　谷風出版社（民國七七・六）

王弼　林麗眞著　東大圖書公司（民國七七・七）
道家思想與中國古代文學理論　漆緒邦著　北京師範學院出版社（一九八八・十一）
修辭學　黃慶萱著　三民書局（民國七八・三，增訂三版）
中國文學的對句藝術　古田敬一著，李淼譯　吉林文史出版社（一九八九・七）
文學批評的視野　龔鵬程著　大安出版社（民國七九・一）
國學概論　錢穆著　台灣商務印書館（民國七九・八，台十五版）
語言風格初探　程祥徽著　書林（民國八十・一）
六朝畫論研究　陳傳席著　學生書局（民國八十・五）
朱自清古典文學論文集　朱自清著　文復書店
文章例話　周振甫著　蒲公英出版社

丙、論文

六朝「緣情」觀念研究　陳昌明撰　台大碩士論文，民國七六・五
陸機論文學的創作過程　張亨著　中外文學第一卷・第八期，民國六二・一
從文學現象與文學思想的關係談六朝「巧構形似之言」的詩（上、下）　廖蔚卿著　中外文學第三卷・第七、八期，民國六三・十二、民國六四・一
鍾嶸詩品評詩之理論標準及其實踐　葉嘉瑩著　中外文學第四卷・第四期，民國六四・九

直覺與分析　黃慶萱著　中央日報民國六五・六・廿五
文學研究的理論基礎——試論「知」與「言」　高友工著　中外文學第七卷・第七期，民國六七・十二
文學創作與批評的哲學考察　曾昭旭著　古典文學第二集，民國六九・十二
詩歌創作過程的兩種模式——「詩緣情」與「詩言志」　鄭毓瑜著　中外文學第十一卷・第九期，民國七二・二
文學理論的理式　王金凌著　古典文學第七集，民國七四・八
文學理論產生的架構及其運用舉隅　張雙英著　古典文學第七集，民國七四・八
古典主義與古典文學——兼談中國古代文學斷代問題　袁鶴翔著　古典文學第七集，民國七四・八
中國上古文學批評的一個主題的觀察　廖蔚卿著　台大中文系研討會演講稿，民國七八・四